Los cuadernos de **ejercicios** ASSiMiL®

Inglés

Intermedio

Hélène Bauchart

Adaptado al español por Belén Cabal

Acerca de este cuaderno

En los capítulos de este cuaderno, las lecciones y los ejercicios se han repartido en tres secciones independientes, a las cuales se le ha asignado un color diferente (color amarillo para la gramática, color verde para el vocabulario y color rosa para la pronunciación).

En los ejercicios de pronunciación, los sonidos aparecen entre corchetes. Para hacerlo más sencillo, no se han representado empleando el alfabeto fonético internacional, sino utilizando una transcripción literal basada en los sonidos del español que más se aproximan al inglés. Por ejemplo, la palabra **why** se transcribe [wai].

En los últimos capítulos, podrás descubrir o revisar los patrones de entonación y los acentos de frases y palabras, cuestiones que en raras ocasiones se abordan en otras obras de divulgación, pero que son esenciales para la práctica oral.

Por ultimo, este cuaderno te permitirá hacer tu propia evaluacion: después de cada ejercicio, dibuja tu iconos: 🙂 para la mayoria de respuestas correctas, 😐 para aproximadamente la mitad y ☹) para menos de la mitad. Al final de cada capítulo, anota el número de iconos conseguidos en los ejercicios y, al final del libro, súmalos y apunta los iconos en la tabla que hemos preparado para este propósito.

Índice

1
Los tiempos del presente

El presente simple

- Formación: base verbal para todas las personas (por ejemplo, I play, you play, etc.), salvo en la 3.ª persona del singular, que se le agrega **s** (she/he says) o **es** (she/he washes).
- Usos: para expresar acciones permanentes / intemporales (de frecuencia habitual, verdades generales, estados) o acciones que se repiten a menudo (ej.: I go shopping twice a week / I work in Brooklyn / Dogs bark). También se utiliza en las recetas de cocina y en los comentarios deportivos (ej.: Beckham passes the ball to Forster, who scores!).

A veces se usa con adverbios de frecuencia como **often**, **always**, **usually**, **never**, **generally**, **sometimes**, **every**, etc.

El present perfect simple

- Formación: **have** + participio pasado
- Usos: asociado generalmente al pretérito, tiempo con el que está relacionado, el presente perfecto es, más bien, un tiempo del presente, en la medida en la que siempre está vinculado con este. Se utiliza para expresar una acción iniciada en el pasado y que continúa en el momento en el que se habla. «*Desde*» se traducirá por **since** delante de una fecha o acontencimiento que marca el punto de partida y **for** delante de una expresión que indique una cantidad de tiempo, se traducirá por «*durante*» (ex. : I've felt sick since we had sushi last night = *Me siento mal desde que tomamos sushi anoche* / Her husband has been a teacher for 20 years = *Su esposo ha sido profesor durante 20 años*).

1 Conjuga los verbos entre paréntesis en el tiempo adecuado, añadiendo *since* o *for* cuando sea necesario.

1. She .... **(play)** the bagpipe on Sundays. She .... **(play)** it .... ten years now.
2. Sarah .... **(live)** in Chicago .... 1980. She loves it there.
3. Thomas usually .... **(drive)** to work.
4. Jack and I .... **(know)** each other .... ages!
5. Monkeys mostly .... **(eat)** vegetables and fruit.
6. I .... **(put)** two eggs in and then I .... **(pour)** the milk.

El presente con -ing

- Formación: **To be** (conjugado en la persona adecuada) + base verbal + **ing**
- Usos: para expresar acciones temporales, ya sea que se estén pendientes en el momento en el que se habla o que evoquen un contexto presente: «estos días / meses / semanas». (ej.: Look, the cat's trying to catch a mouse! / I'm not eating sugar this week ➜ esta decisión es puntual). También se utiliza para una situación que está en progreso (ej.: They are trying to raise awareness to equal opportunities).
- awareness to equal opportunities).

• Existen una serie de verbos que no se pueden conjugar en la forma continua: los verbos de opinión como **believe, doubt, feel, guess, imagine, suppose, think, understand**, de sensaciones como **hear, see, smell, feel, taste**, y, en general, los verbos que transmiten la idea de estados permanentes como **appear, seem, measure, taste, sound, like, hate, love, want, know, remember, belong, depend, need, own, possess**, etc. Para evocar una sensación en curso, se debe añadir can (ej.: I can see his car = *Puedo ver su coche*).

Nota 1: en los verbos que terminan en vocal + una sola consonante (excepto **w**), la consonante se duplica antes de la desinencia **-ing** (ej.: hop ➜ hopping). Excepciones: **opening**, **developing**, **entering**, **profiting**, **suffering**, **offering**.

Nota 2: para expresar reproche o enfado, podemos utilizar adverbios de frecuencia como **constantly**, **always** con un verbo en presente con **-ing** (ej.: *You're always complaining = ¡Siempre te estás quejando!*).

Nota 3: Cuando nos referimos a una acción en el presente simple que acabamos de mencionar, la continuación se hará en presente con **-ing** (ej.: When you drink orange juice, you're taking vitamine C).

2 **Traduce las siguientes oraciones.**

1. Mis vecinos han estado casados durante 40 años.
   ➜ ....
2. No estás muy hablador esta noche, ¿estás bien?
   ➜ ....
3. Huele bien en la cocina. ¿Qué estás preparando?
   ➜ ....
4. Cuando compras un Chevrolet, estás comprando un coche americano.
   ➜ ....
5. Estoy seguro/a de que él está ahí. Oigo la música.
   ➜ ....

Por una letra...

Muchas palabras inglesas se parecen mucho. A veces la diferencia es solo una letra. La confusión acerca de estas palabras es muy común y puede tener consecuencias embarazosas. Descubre algunas de ellas al hacer los ejercicios 3-7.

3 Traduce las palabras en cursiva sustituyendo una sola letra de la palabra inglesa de la primera columna.

1.	Cara	*Falso*	*Desteñir*	*Fama*	*Destino*
	Face	....	....	....	....
2.	Forma	*Vergüenza*	*Compartir*	*Sacudir*	*Sombra*
	Shape	....	....	....	....
3.	Cabeza	*Montón*	*Calor*	*Sanar*	*Escuchar*
	Head	....	....	....	....
4.	Lágrima	*Oso*	*Querido/a*	*Miedo*	*Cerca (de)*
	Tear	....	....	....	....

4 Encuentra la letra que falta para poder traducir las siguientes palabras.

1. seguro → **SA**....**E**
   cuerdo → **SA**....**E**
   mismo → **SA**....**E**
   venta → **SA**....**E**

2. lago → **LA**....**E**
   cojo → **LA**....**E**
   callejuela → **LA**....**E**
   con retraso → **LA**....**E**

3. derrapar → **SKI**....
   desnatar → **SKI**....
   piel → **SKI**....
   saltar → **SKI**....

5 Corrije la letra incorrecta en las palabras en negrita.

1. These T-shirts were very **cheat**, I bought two. → ....
2. I can't make pancakes, we're out of **floor**. → ....
3. He was granted an **aware** for his new film. → ....
4. The waiter was not so polite, I'm not leaving a **tin**. → ....
5. You should really vacuum the floor, there is **dusk** everywhere. → ....

6 Coloca las siguientes palabras en el lugar correspondiente a su traducción.

mean stew MEAL stem sour weed
weep STEP week soup meat soul

1. malo, comida, carne: .... / .... / ....
2. sopa, agrio, alma: .... / .... / ....
3. tallo, paso, estofado: .... / .... / ....
4. hierba, semana, llorar: .... / .... / ....

7 Escribe las siguientes palabras en el lugar adecuado.

blade/blame lung/hung slam/slap plug/plum hopping/hoping

1. I was .... that you could help me / The children were .... in an attempt to keep warm.
2. Don't .... the door like that! / He was annoyed by the child and gave him a ....
3. Do you like .... tart? / Can you .... in the TV set?
4. He died of .... cancer last year. / He drank a lot last night and is .... over.
5. That's unfair, you can't put the .... on her / This knife is not cutting, the .... is blunt.

Binomials (1/2)

Los «binomials» son parejas de palabras que a menudo están asociadas y conectadas por una conjunción como **and** o una preposición. Son muy comunes en inglés y se utilizan a diario. Tienen la peculiaridad de que, generalmente, juegan con la sonoridad...

8 Escribe las siguientes palabras en el lugar adecuado para formar binomios.

see square LIVE sound forget

1. Learn by experience ➜ .... and learn
2. Forgive and move on ➜ forgive and ....
3. Attentisme ➜ wait and ....
4. Franc, honnête ➜ fair and ....
5. Sain et sauf ➜ safe and ....

Las letras mudas (1/2)

En algunas palabras inglesas, hay letras que se escriben pero no se pronuncian. Descubre las principales realizando los siguientes ejercicios.

9 En la siguiente lista, 8 palabras contienen una letra muda. ¡Descúbrelas!

academic – bomb – caterpillar – Christmas – elephant – exercise – folk – hate – hotel – house – mnemonic – muscle – tablet – psychology – watermelon – whistle – wrist – zucchini

1.	Letra →	5.	Letra → ....
2.	Letra →	6.	Letra → ....
3.	Letra →	7.	Letra → ....
4.	Letra →	8.	Letra → ....

10 En la siguiente lista algunas palabras tienen una letra muda. Señálala.

comb – honey – gnat – thumb – column – mortgage – buffet – nibble – limbo – cast – feta – doubt – plasma – farm – gluten – calm – castle – fasten – autumn – almond – debt – tomb – half – lamb – walk – subtle – gnarled – numb – mustn't

11 Encuentra las siguientes palabras a partir de su transcripción fonética.

1. [tuum] → ....
2. [lim] → ....
3. [claim] → ....
4. [ailand] → ....
5. [lissen] → ....
6. [nok] → ....
7. [took] → ....
8. [niumounia] → ....

¡Enhorabuena, has llegado al final del capítulo 1! Es el momento de contabilizar los iconos y de apuntar el resultado en la página 128 para la evaluación final.

2
Los tiempos del pasado

El pasado simple

- Formación:
  – base verbal + **d/ed** si el verbo es regular
  – forma fija a memorizar si el verbo es irregular

Nota: en oraciones interrogativas y negativas, el auxiliar **do** se convierte en **did** en el pasado.

- Usos: el tiempo pasado se utiliza para expresar hechos pasados, terminados y generalmente caducados, que ya no guardan ninguna relación con el presente (ej.: The French Revolution happened in 1789 / I moved from Paris in 1988). En el pasado, se especifican las circunstancias en torno a los acontecimientos: «*dónde, cuándo, cómo...*» (ej.: I left my glasses on the train). Las referencias temporales remiten al pasado: **date**, **ago**, **yesterday**, **last week/month/year**, **when**, **during**, etc. La referencia no tiene que ser exacta necesariamente, es suficiente con que haga una clara referencia al pasado (ej.: The Greeks invented democracy).

Nota: en pasado, la palabra *durante* se traduce por **for** o **since**. **During** precede a un nombre y responde a la pregunta **when?** (ej.: I read a lot during the holidays), y **for** precede a una duración y responde a la pregunta **how long?** (ej.: I worked in London for ten years).

1 Completa estas dos tablas de verbos irregulares.

	Infinitivo	Pasado	Participio pasado
1.	....	began	....
2.	....	....	bitten
3.	blow	....	....
4.	....	chose	....
5.	....	....	dealt
6.	eat	....	....

	Infinitivo	Pasado	Participio pasado
7.	....	held	....
8.	....	....	kept
9.	mean	....	....
10.	....	....	shown
11.	....	slid	....
12.	lie	....	....

2 Señala y conjuga los verbos irregulares.

kill attend write TYPE want sweep pay draw cook HIT work

.... – .... / .... – .... / .... – .... / .... – .... / .... – ....

El pasado continuo

- Formación: **To be** en pasado **(was/were)** + base verbal + **ing**
- Uso: se utiliza para expresar una acción que se estaba realizando en el pasado, en particular cuando se ha desencadenado otra como consecuencia o para expresar una acción que fue interrumpida por otra: «Estaba... cuando...» (ej.: This time yesterday, I was having pizza in Rome / She was making dinner when I arrived).

3 Conjuga los verbos entre paréntesis en la forma del pasado que adecuada.

1. Anna .... **(drive)** when I .... **(call)** her so she .... **(not – answer)** her phone.

2. We .... **(spend)** the holidays in Morocco. This time last month we .... **(sunbathe)** in Marrakesh.

3. I .... **(sleep)** soundly when the phone .... **(ring)** and .... me .... **(wake up)**.

El *present perfect simple*

- Formación: **have** + participio pasado (ej.: **I have/I've been**)
- Usos: en el capítulo 1 hemos visto que el presente perfecto podría traducirse como un presente cuando la acción ha comenzado en el pasado y todavía continúa en el presente (ej.: I have lived in Paris for 10 years = *Vivo en París desde hace 10 años*). Pero también usamos el presente perfecto para expresar acciones que en español se podrían traducir como pasado, para:

– hacer un balance de nuestra experiencia, lo que hemos vivido hasta entonces (ej.: I have never had the flu). Hay una serie de términos que nos permiten expresar esta idea de balance: **so far/until now, over the past years/weeks/months, it's the first/second/third time, not yet, never, ever, already**.

– insistir en las consecuencias o el resultado de la acción pasada en el contexto presente, y no en la acción en sí. (ej.: I have washed the car. Se desconoce dónde o cuándo, pero no es importante. Lo que nos interesa es el resultado ➜ **the car is clean now**).

El presente perfecto continuo

- Existe una forma del presente perfecto con **-ing** (**have**+ participio pasado + verbo en **-ing**). Se utiliza para expresar:

– una acción reciente cuyos efectos se pueden constatar en el presente ➜ se ve, se siente, etc. (ej.: I've been running ➜ por lo tanto *estoy sudando, estoy cansado/a, me duelen los pies*, etc. / She's been crying ➜ por lo tanto *tiene los ojos rojos*).

– los periodos cortos y más puntuales. La forma simple (presente perfecto) se reserva para las acciones de duración más larga y/o permanentes, que entran dentro de la «experiencia de la vida» que mencionamos en la página 9 (ej.: I've been smoking ➜ por lo tanto *en este momento, huelo a humo* **vs** I've smoked all my life).

4 Conjuga los verbos en pasado o en presente perfecto y coloca los siguientes adverbios en el lugar correcto: *for, since, during, yet, ago.*

1. I .... **(go)** to Rome twice, two years ...., but I .... **(not – be)** to Venice ....

2. Sorry I'm covered in paint, I .... **(repaint)** my living room.

3. I .... **(take)** a nap .... the lunch break.

4. Aiden .... **(live)** in Berlin .... 7 years, from 1998 to 2005.

5. I .... **(not – smoke)** .... 2008. I .... **(give up)** after my dad .... **(have)** a heart attack.

6. She can't see properly. She .... **(leave)** her glasses in the car.

Pasado perfecto

- Formación: **had** ((pasado del auxiliar **have**) + participio pasado del verbo
- Usos: para hablar de una acción que tuvo lugar antes que otra acción ocurrida en el pasado. En este tiempo verbal se puede apreciar cómo los adverbios **already**, **just** enfatizan este sentido de anterioridad. También se utiliza para expresar algo que lamentamos (ej.: I wish you had come = *Desearía que hubieras venido*). Más adelante veremos que también se utiliza en el pasado condicional y en el discurso indirecto.

5 Conjuga los verbos en el tiempo adecuado: pasado perfecto, presente perfecto o pasado simple.

1. I .... **(drive)** back home from the supermarket when I .... **(realise)** that I .... **(forget)** to buy milk.

2. We .... **(argue)** many years ago and .... **(not – see)** each other since then.

3. She .... just .... **(close)** the door when the phone .... **(ring)** inside the house.

4. I .... **(slid)** and .... **(break)** my leg on my way back home from work.

Las siglas

Las siglas se utilizan mucho en inglés y por eso es importante conocer las más comunes. Repásalas con el siguiente ejercicio.

6 Señala la respuesta correcta.

1. **AA** →
   - ☐ Absolutely Amazing
   - ☐ Alcoholic's Anonymous
   - ☐ Accurate Assessment
2. **ER** →
   - ☐ Emergency Room
   - ☐ Estimated Rate
   - ☐ Ecological Roof
3. **RIP** →
   - ☐ Rest in Peace
   - ☐ Representative in Power
   - ☐ Received in Person
4. **ETA** →
   - ☐ Emergency Time Action
   - ☐ Estimated Time of Arrival
   - ☐ Emergency Talking Assembly
5. **TP** →
   - ☐ Top Priority
   - ☐ Ten Percent
   - ☐ Toilet Paper
6. **AKA** →
   - ☐ Also Known As
   - ☐ Anonymously Known As
   - ☐ Academic Knowledge Assessment
7. **IOU** →
   - ☐ I Owe You
   - ☐ Internal Operating Unit
   - ☐ In Order to Understand
8. **COD** →
   - ☐ Come On Darling!
   - ☐ Cause Of Debt
   - ☐ Cause Of Death
9. **DOB** →
   - ☐ Date Of Birth
   - ☐ Date Of Buying
   - ☐ Don't Open the Box
10. **PMS** →
    - ☐ Post-Military Syndrome
    - ☐ Pre-Marital Sex
    - ☐ Pre-Menstrual Syndrome

Traducir «solo»: *alone, lonely, only* o *single*...

Alone, **lonely**, **only** o **single** son adjetivos que significan todos ellos «solo». **Alone** se utiliza en el sentido físico y **lonely** en el sentido emocional (ej.: We were alone in the restaurant / Anna has felt lonely since she got divorced). Como adjetivo, **only** significa *solo, único* (ej.: He is an only child / I am the only one who speaks Spanish in my family). También puede funcionar como adverbio y, en ese caso, significa *solamente, únicamente* (ej.: Some people say he only married her because she's rich). **Single** significa *uno/a solo/a o soltero/a* (ej.: He did not make a single mistake in his paper / My brother was single until the age of 35, then he met Mary and got married).

Nota: alone no se utiliza como adjetivo calificativo. La frase **"an alone man"** no es correcta. Debemos decir **"a single/solitary man".**

7 Completa las frases utilizando *alone, lonely, only* o *single.*

1. Please, leave me ...., I can't concentrate!
2. Emma feels very .... without her family.
3. It seems that we are all .... There is nobody else here!
4. Mark got divorced last year, he is .... again!
5. I'm not very hungry, I'll .... have a salad.
6. You ate all the cookies! There's not a .... one left!

Los *binomials* (2/3)

Recordatorio: los *binomials* son pares de palabras que a menudo van unidos por una conjunción, como **and**, o una preposición. Haz un repaso realizando el siguiente ejercicio.

8 Señala la traducción correcta.

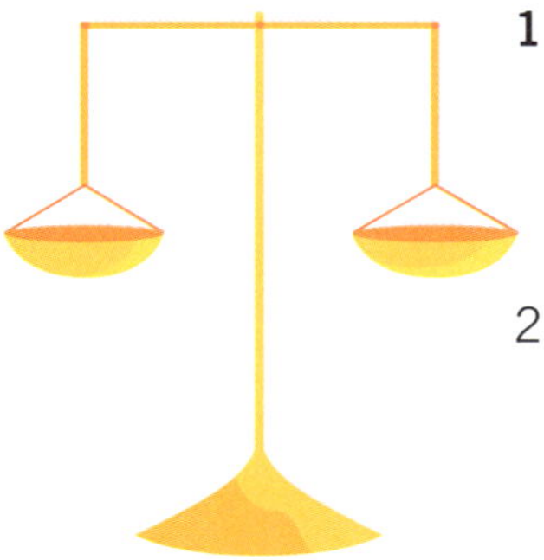

1. **Es toma y daca:** it's...
   - ☐ win win
   - ☐ give and take
   - ☐ give and share
2. **Ventajas e inconvenientes:**
   - ☐ plus and minus
   - ☐ dos and don'ts
   - ☐ pros and cons
3. **O nadas o te ahogas:**
   - ☐ sink or swim
   - ☐ bend or break
   - ☐ run or roll
4. **Agridulce:**
   - ☐ sweet and sour
   - ☐ bitter and sweet
   - ☐ sugar and sour

5. Se dice cuando dos cosas son tan diferentes que no se pueden comparar:

☐ night and day ☐ cat and dog ☐ apples and oranges

Pronunciación de las terminaciones -d/-ed

Se pronuncia **[id]** después de los sonidos **[d]** o **[t]** (ej.: exploded, lasted), así como en los participios pasados **beloved**, **blessed**, **learned** y **naked**. Se pronuncia **[t]** si resulta demasiado difícil pronunciarlo **[d]**, como es el caso después de los sonidos **[p]**, **[t]**, **[k]**, **[f]**, **[s]**, **[tch]** como en **watch, [sh]** como en **wish** (ej.: asked, capped, perched, looked, cuffed). Se pronuncia **[d]** después de las demás consonantes (ej.: killed, paved, pulled) y en verbos que terminen en **er** si la letra **r** es muda en la grafía -**ered** (ej.: considered).

9 Clasifica las siguientes palabras en la tabla, según la pronunciación de la terminación *-ed*.

used – aced – ended – weeded – viewed – traded – wished – tainted – teased – seated – nursed – naked – aged – maimed – booked – minded – leaned – leaked – lasted – dulled – beaked – evaded – wrapped – wavered – trained – stopped – stirred – skimmed – rewarded – remembered – infused – expected – puzzled – plucked – surprised – fixed – suggested – shouted – confessed – started

[id]	[t]	[d]
....	....	....
....	....	....
....	....	....
....	....	....
....	....	....
....	....	....

¡Enhorabuena, has llegado al final del capítulo 2! Es el momento de contabilizar los iconos y de apuntar el resultado en la página 128 para la evaluación final.

3
Expresar el futuro

Will y *shall*

- **Will** + base verbal se utiliza para expresar:
  - una decisión/reacción espontánea (ej.: The phone's ringing, I'll get it)
  - una voluntad (ej.: We will help you)
  - peticiones o invitaciones en un tono formal (ej.: Will you pass me the salt? / Will you stay for dinner?)
  - una predicción (ej.: I will move out next year)
  - una posibilidad/probabilidad real (ej.: If it doesn't rain, we will go out for a picnic)
- **Shall** + base verbal, en un lenguaje más elegante, se utiliza para expresar:
  - una restricción que no depende del sujeto: órdenes, reglamentos, etc. (ej.: The candidates shall go to room 200)
  - algo que ocurrirá inevitablemente (ej.: Human beings shall get old)
  - una sugerencia (ej.: Shall we dance?)

Otras formas de futuro...

- El futuro con **-ing**: **will be** + base verbal + **ing**

Se utiliza para expresar una acción continua o en progreso que tendrá lugar en el futuro (ej.: Next week today, I will be delivering a speech).

- El futuro perfecto: **will have** + participio pasado

Suele referirse a una acción que se logrará en el futuro. Se utiliza a menudo con **by** fecha o un momento del futuro para traducir «para tal fecha...» (ej.: By 2020 I will have moved to the countryside = *Para el 2020, me habré mudado al campo*).

1 **Completa las frases utilizando *will*, *shall*, futuro con *ing* o el futuro perfecto.**

1. The 8th Commandment is "You .... not steal".

2. Don't move Honey, I .... do it for you.

3. In a week from now, I .... **(to surf)** in Hawaii.

4. If we're not too tired, we .... go to the cinema tonight.

5. .... we go out for a drink?

6. Yes, I .... lend you the money you need.

7. By 2050 researchers .... **(to find)** a cancer vaccine.

8. Stop nagging at her like that, ... you?

Más formas de futuro...

- Utilizamos el presente simple para expresar:
  - una acción planeada por un agente externo (ej.: The film starts at 9)
  - en oraciones subordinadas después de **after**, **as soon as**, **as long as**, **before**, **when**, **while**, **once**, **whenever**, **until** cuando dependen de una oración principal con **will** (ej.: I will wait for you until you come back). En cambio, esto no es válido cuando **when** es un pronombre interrogativo (ej.: Do you know when he will arrive?)
- **To be + ing** se utiliza para expresar una decisión ya tomada pero todavía no se ha anunciado (ej.: I'm seeing Paul for dinner tomorrow night).
- **To be going to** base verbal se utiliza para anunciar:
  - una intención o una decisión tomada después de una cuidadosa reflexión (ej.: I'm going to propose to Lizzie... / I've been thinking about it, I'm going to change jobs)
  - una acción que se deduce dadas las circunstancias (ej.: The sky is grey, it's going to rain)
- **To be about to** + base verbal se usa para traducir «estar a punto de...» (ej.: Stop it, I'm about to lose my patience).

2 **Asocia cada comienzo de oración (letras) con el final correspondiente (números).**

d. Call me as soon as

b. I'm having

e. The plane for Dallas

c. He's eating too much,

a. Do you know when

f. You need to come over,

4. Aiden is about to do something stupid.

2. he's going to be sick!

5. she will come back?

1. you get there, will you?

3. my hair cut during the lunch break today.

6. leaves from gate 236 at 5 pm.

Países y nacionalidades

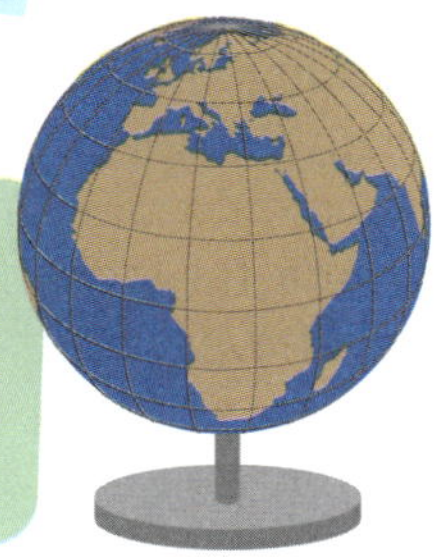

Un poco de conocimiento cultural nunca viene mal. Revisemos algunos países y ciudades, así como los símbolos y celebraciones de los principales países de habla inglesa. De paso, también tendrás la oportunidad de aprender algunas expresiones. Down to work!

3 Las segundas sílabas de estos nombres de países se han mezclado. Ponlas en el orden correcto.

Camboya / Camden   Turquía / Turcco   Suecia / Swebodia

Países Bajos / The Netherway   Las Antillas / The West Inzil

Marruecos / MoroKEY   Brasil / BraLANDS   Noruega / Nordies

4 Escribe las nacionalidades que corresponden a los siguientes países.

Ejemplo: French

1. Sweden → ....
2. Denmark → ....
3. Spain → ....
4. Greece → ....
5. Poland → ....

5 Ordena las letras para escribir el nombre de las siguientes ciudades.

1. Bruselas: **LBUSERSS** → ....
2. Varsovia: **WRSAWA** → ....
3. Londres: **NOLDON** → ....
4. Moscú: **WOSMCO** → ....

6 Coloca las nacionalidades en el lugar correcto para traducir las siguientes expresiones (sobran algunos de estos gentilicios y otros pueden utilizarse varias veces).

Scottish – French – Dutch – Greek – Mexican – Spanish – German – Irish – Russian

1. Perdona la expresión
   → Pardon my ....
2. Pagar a escote *(en un restaurante)*
   → To go ....
3. Patatas fritas → .... fries
4. ¡Esto está en chino!
   → It's all .... to me!
5. Valor que se obtiene al beber alcohol
   → .... courage
6. Guisantes → .... bean
7. Despedirse a la francesa
   → to take .... leave
8. Un punto muerto
   → a .... standoff
9. Vinagreta → .... dressing
10. Una contraventana
   → a .... window
11. La guitarra clásica
   → .... guitar
12. Preservativo → .... letter

7 Escribe los siguientes días festivos junto a la descripción que les corresponda.

Red Nose Day – Thanksgiving – Arbor Day – Bonfire Night – Pancake Day – Easter – Independence Day (or 4th of July) – Halloween – St Patrick's Day

1. Celebrated in Canada and the USA in November. People usually eat turkey: ....

2. *Martes de Carnaval* in England: ....

3. Day dedicated to nature, celebrated in many English-speaking countries. People usually plant trees: ....

4. Also called *Guy Fawkes Night*. Celebrated in November, in England. People light fireworks and make fires: ....

5. *Pascua* in English-speaking countries: ....

6. National American Day: ....

7. Also called *Comic Relief*. Kind of *Telemaratón* taking place every other year in Britain to raise money for charity: ....

8. "Trick or Treat" Day: ....

9. Irish National Day: ....

8 Escribe el nombre de cada símbolo (emblems) y de cada país (countries) junto al dibujo correspondiente.

Emblems: maple leaf, leek, rose, thistle, shamrock
Countries: England, Wales, Ireland, Scotland, Canada

1. .... / ....

2. .... / ....

3. .... / ....

4. .... / ....

5. .... / ....

Health and the body (1/2)

Si te enfermas en Inglaterra te dirán que consultes a tu **G.P. (general practitioner)** o a tu **physician** (falso amigo que significa *doctor/médico*, mientras que *físico* se dice **physicist**).

9 Coloca las siguientes expresiones en el lugar correcto.

run some tests – run in the family – fever – flu – threw up

1. I'm not feeling well, I think I'm coming down with the ....
2. This condition ....s .... My father and my aunt have it too.
3. They don't know what he suffers from yet. His doctor decided to ....
4. I have a stomach bug and .... all night.
5. She is running a high .... You should call the doctor.

10 *Body parts*: señala la respuesta correcta.

1. a rule of thumb = ➜ ☐ a basic rule ☐ a thumb injury ☐ a quick lunch
2. to feel anxious = to have .... in one's stomach ➜ ☐ a cat ☐ a frog ☐ butterflies
3. Break a leg! = ➜ ☐ Good luck! ☐ Go away! ☐ Leave me alone!
4. To get cold feet = ➜ ☐ to be very cold ☐ to get angry ☐ to become afraid to do or try something
5. My foot! = ➜ ☐ ¡mi ojo! ☐ ¡Amén! ☐ ¡Un cuerno!

Las letras mudas (2/2)

Recuerda que hay palabras que contienen letras que se escriben pero no se pronuncian. Aprende algunas de ellas en el ejercicio siguiente.

11 Señala la letra muda en cada una de las siguientes palabras.

plumber – Wednesday – knot – asthma – Connecticut – hour – could – sword – lamb – pseudo – salmon – damn

La H aspirada

Haciendo referencia a las diferencias de pronunciación entre el inglés que se habla en Inglaterra y el que se habla en Estados Unidos, el comediante británico Eddie Izzard dijo: **"You [Americans] say 'erbs and we say herbs. Because there's a fucking 'H' in it".** Este caso es, en realidad, excepcional: en inglés británico la **H** de **herb** se aspira, al contrario de lo que ocurre con esta palabra en el inglés de norteamérica.

12 **Encuentra las palabras donde la H no se aspira.**

hour handsome halo
thyme honour heavy
rhyme heal honesty
heir harmony hurt
hurry hood heritage
hotel Thames

13 **Señala las palabras que tienen el sonido [a] cerrada de *love*, *flood*, etc.**

bond honey accurate unusual pour dug lucky
blood toes moose ouch though dove cut bowl
towel bonus hung thorn production enough
mother trouble about ressource courage oven
uneasy lobster impossible powder

El sonido [a] cerrada

Este sonido breve se puede encontrar en las siguientes grafías: **u** (ej.: uncle, up), **o** (ej.: love), **ou** (ej.: tough), **oo** (ej.: flood) y **oe** (ej.: does).

Pronunciación de la letra U

La **U** se puede pronunciar como:

- **[a] cerrada** (ej.: summer)
- **[u] larga** (ej.: pull)
- **[u] corta** (ej.: put)
- **[e] cerrada** (ej.: Marcus)
- **[iu]** (ej.: unite). Esto es especialmente cierto para las palabras que empiezan por **U** + consonante + vocal (ej.: uniform).

Nota: el prefijo **un-** se pronuncia **[a] cerrada**, como en **sun** y **bus** (ej.: unease).

14 **Encuentra al intruso.**

1. full uncertain sun bus bubble thumb
2. PULL JACUZZI FULL FLUTE GLUE JUDGE
3. urn useful union costume university
4. puzzle duck urban luck reluctant

¡Enhorabuena, has llegado al final del capítulo 3! Es el momento de contabilizar los iconos y de apuntar el resultado en la página 128 para la evaluación final.

4
Verbos modales

Los verbos modales

Los verbos modales tienen dos valores: un valor «radical» (recae sobre el sujeto) y un valor llamado «epistémico» (recae sobre la probabilidad de un evento):

	Valor radical	Valor epistémico
Can/could	Capacidad, permiso: **could** ➜ pasado de **can** (ej.: I can play violin / Can I ask you a question?)	Buena probabilidad, 70%: **could** ➜ probabilidad inferior a **can**, **can't** ➜ expresa imposibilidad lógica (ej.: You should answer your phone, it could be important / I know him, he can't be lying!)
must	Obligación, orden, coacción: (ej.: You must take a ticket and wait your turn)	Alta probabilidad, deducida de manera lógica, 90-95% (ej.: You must be so happy about your promotion!)
should	Consejo (ej.: You should not drink so much)	Probabilidad bastante alta, 75-80%, *«debería...»* (ej.: He left at 6, he should be home by now)
will	Voluntad, tendencia / frecuencia (ej.: I will help you / Boys will be boys!)	Probabilidad muy alta, 90-95% cercana a **must** (ej.: Your phone's ringing, that will be your wife!)
would	Condicional, pasado hipotético, costumbre del pasado (ej.: I would buy a house if I were rich / He would read the paper during breakfast)	Evento previsible, 80% (ej.: Of course, it would rain just when we decide to go out for a walk!)
may	Autorización (ej.: May I smoke?)	Probabilidad, 50% (ej.: She has not made her decision yet but she may decide to quit)
might	Reproche, sugerencia, comentario irónico (ej.: You might have done the dishes! / You might want to ask again saying "please" this time)	Baja probabilidad, 20-25% (ej.: It's unlikely but he might forgive her, you never know)

1 Completa los espacios con el verbo modal adecuado.

1. Joan .... swim, give her a lifebuoy.
2. You .... not use your cellphone in hospitals.
3. .... I borrow your pen?
4. You eat too much junk food. You .... eat more fruit and vegetables.
5. We .... go on a picnic if it were sunnier.
6. .... you pass me the salt, please?
7. This dish is packed with garlic, your favourite. You .... like it.

2 Relaciona cada comienzo de frase con el final correspondiente.

1. She can't have said such a thing,
2. He's not her type but
3. I would think twice about it
4. There's someone at the door,
5. He's generally very kind,
6. I'm not surprised she stood you up,
7. Of course the printer's not working,

- **a.** you might want to plug it in...
- **b.** she would do that!
- **c.** it will be the postman.
- **d.** he may be able to help you out.
- **e.** you must be mistaken.
- **f.** she might like him, who knows?
- **g.** if I were you.

Los verbos modales y la estructura *have* + participio pasado

Esta estructura se utiliza para expresar la modalidad sobre un hecho pasado. Ejemplos:

- **Can/could**: I don't believe you, she can't have done that! = *No te creo, ¡ella no puede haber hecho eso!* / You could have used my car = *Podrías haber usado mi coche* ➜ tenías la posibilidad.
- **Must:** You must have been surprised to hear she had gotten married = *Te ha debido sorprender escuchar que ella se había casado.*
- **Should**: You should have brought an umbrella = *Debías haber traído un paraguas.*
- **Will:** By tomorrow, I will have made 20 cakes = *Para mañana, habré hecho 20 tartas.*
- **Would:** If you had told me you were coming, I would have prepared the guestroom = *Si me hubieras dicho que venías, habría preparado la habitación de invitados.*
- **May:** He did not come to my party, he may have been busy = *No vino a mi fiesta, debió de haber estado ocupado.*
- **Might:** You might have told me it was your birthday but I've forgotten = *Puede ser que me hayas dicho que era tu cumpleaños, pero se me ha olvidado* / It's fortunate you only have bruises, you might have been killed = *Tienes suerte de tener solo magulladuras, pudiste haberte matado.*

3 Traduce las siguientes frases.

1. Debiste haberme advertido.
➜ ....

2. Habría venido si me hubieras invitado.
➜ ....

3. Pudiste haber venido a cenar con nosotros, ya sabes. Estabas invitado.
➜ ....
....

4. Deben de haberse sentido decepcionados por el fracaso.
➜ ....

5. De aquí a final del año, habré ahorrado 2000 euros.
➜ ....
....
....

Los verbos modales en pasado y en futuro

	Pasado	Futuro
Can	Could / was-were able to	Will be able to
Must	Had to	Will have to
May	Was/were allowed to	Will be allowed to
Will	would	—

Los verbos modales carecen de los tiempos futuro y pasado. Por lo tanto, hay que utilizar otras estructuras para traducir los modales en estos tiempos.

4 Transforma las siguientes frases según la consigna indicada entre paréntesis.

1. I can help you with the cooking. *(poner en futuro)*
   → ....

2. I will leave work earlier today. *(poner en discurso indirecto)*
   → She said that ....

3. I must do some paperwork. *(poner en pasado)*
   → ....

4. May I smoke in your house? *(poner en futuro)*
   → ....

Refranes y dichos

Probablemente ya sabes lidiar con el lenguaje técnico de tu disciplina o profesión. Pero las cosas se complican, sin duda, cuando intentas utilizar expresiones comunes como los refranes o dichos, que dan el tono natural y espontáneo a la conversación. Es muy frustrante, isn't it? Hay que hacer algo para remediar esto. ¡Realizar los siguientes ejercicios puede ser un buen comienzo!

5 Ordena las palabras para encontrar el equivalente de los siguientes refranes.

1. No se puede estar en misa y repicando: **too/cake/cannot/you/your/it/have/eat/and**
   → ....

2. No se debe juzgar por las apariencias: **a/cover/cannot/its/you/book/judge/by**
   → ....

3. A lo hecho, pecho: **milk/crying/it's/over/use/spilled/no**
   → ....

4. La brevedad es el alma del ingenio: **soul/wit/brevity/is/the/of**
   → ....

6 Relaciona cada inicio de refrán con su final correspondiente y después busca su significado.

n.°	No man is •
n.°	Every cloud has •
n.°	Beggars can't be •
n.°	Beauty is in the eye of •
n.°	Beauty is only •

• a silver lining
• the beholder
• skin deep
• an island
• choosers

1. → Beauty is something superficial.
2. → We cannot live without help from other people.
3. → When you are asking someone for something, you have to take what they give you.
4. → The idea of what is beautiful is subjective.
5. → Bad situations have good aspects too.

7 Señala la (o las) respuesta correcta que permita completar los refranes.

1. Great minds .... → *Las grandes mentes piensan igual*:
   - ☐ meet halfway ☐ think alike ☐ think samely

2. .... keeps the doctor away → *Una manzana al día, del médico te libraría*:
   - ☐ An apple a day ☐ Tea everyday ☐ An orange a day

3. Curiosity killed .... → *La curiosidad mató al gato:*
   - ☐ the mouse ☐ the duck ☐ the cat

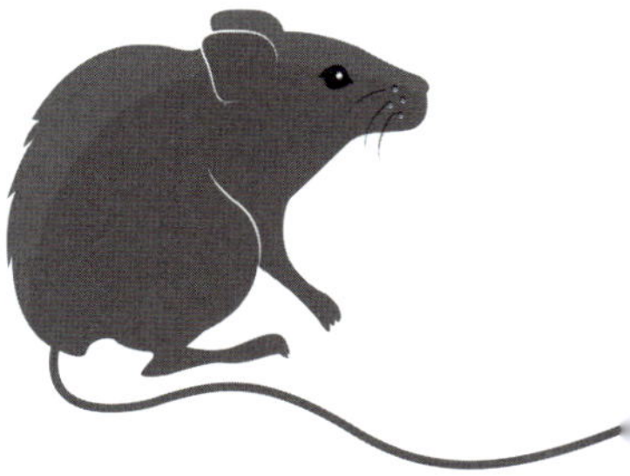

4. It never .... but it pours → *Las desgracias nunca vienen solas*:
   - ☐ snows ☐ rains ☐ hurts

5. There's no such thing as .... → *Nada es gratis*:
   - ☐ a free lunch ☐ a free dinner ☐ a gift

6. *Más vale prevenir que curar:*
   - ☐ better safe than sorry ☐ forewarned is forearmed ☐ A stitch in time saves nine

La letra A

La letra **A** se puede pronunciar de 8 maneras diferentes:

- **[ei]** generalmente cuando la **a** va seguida de una consonante y después una vocal, en especial la **e** (ej.: make)
- **[a] cerrada y nasal** generalmente cuando la **a** va seguida de una o dos consonantes (ej.: cat)
- **[a] larga** generalmente antes de las letras **f**, **r**, **s** y el grupo **th** (ej.: ask, car, start…)
- **[o] cerrada** generalmente ante **w**, **l** o **ll** (ej.: wall, also)
- **[o] abierta** (ej.: want, what)
- **[e]** (ej.: many)
- **[i]** en palabras que terminan en **-age** (ej.: vintage, village)
- **[e] cerrada** en los sufijos **-ate** y **-able** (ej.: chocolate, unbelievable), pero también al principio o final de palabra (ej.: ago, banana).

Nota: la letra **A** en la grafía **-ate** se suele pronunciar mal en los sustantivos y adjetivos. Recuerda que **-ate** se pronuncia como el número 8 en los verbos y **[e] cerrada** en los adjetivos y los sustantivos.

8 Algunas palabras están clasificadas en la columna incorrecta. Encuéntralas y colócalas en la columna adecuada (atención, algunas palabras pueden no pertenecer a ninguna de las categorías).

[ei]	[e] cerrada	[a] de *cat*
donate • patchy • age • says • bake • blame • cake • chocolate • fake • game • lake • family • climate • name • desperate • same • table • fashion • famous • nappy • leverage • staple • negate	about • camp • educate • again • agree • alone • certificate • around • immediate • America • moderate • crusade • impact • delicate • vital • senate • hawk • likeable • daddy • private • tolerant • unfortunate • background • charm • oral	angry • bag • orchard • hand • man • stand • abortion • career • barbecue • far • pirate • haven • ache • nasty • sage • track • happy • accumulate

9 Localiza el intruso.

1. fall • water • calling • also
2. park • staff • catch • card
3. again • aloud • any • abroad
4. village • vintage • marriage • eyelash
5. last • task • salt • flask
6. war • dark • raw • law

10 *Right or Wrong?* La A se pronuncia de la misma manera en...

1. half et are ☐ R ☐ W
2. village et Thames ☐ R ☐ W
3. wall et watch ☐ R ☐ W
4. many et said ☐ R ☐ W
5. walk et ball ☐ R ☐ W
6. wasp et scarf ☐ R ☐ W
7. saw et all ☐ R ☐ W

Pronunciaciónes de la letra I

La letra **I** se puede pronunciar: **[ai]** en las palabras en las que va seguida de una consonante seguida de una vocal (ej.: lime, alive), **[e] cerrada y larga** lcuando va seguida de 2 consonantes (ej.: girl). También se puede pronunciar **[i] corta** (ej.: sit) o como en **limit**: **[limit]**.

11 Clasifica las siguientes palabras según la pronunciación de la i.

pilot – shirt – skirt – quite – first – like – with – tie – fire – recipe – misery – ambiguous – armpit – bitter – bite – fist – thirst – swirl – twirl – dirty – firm – family – direct – disable – drip – drive – final – animal

Como en *sit*	Como en *alive*	Como en *girl*
....	....	....
....	....	....
....	....	....
....	....	....

El sonido [ai]

Encontramos este sonido con la letra **i** en dos casos: **i** + consonante + **e** (ej.: wine), **i** + 1 o 2 consonantes (ej.: design). También lo encontramos en las grafías **igh** (ej.: light), **ie** (ej.: die) e **y** (ej.: fly).

12 Señala las palabras que no tienen el sonido [ai].

1. mile ice island dirt iron ·ight lie weight shy dry ivy pride
2. slit dial foreign envy ginger gist climb limb bit antonym
3. fir align lift bypass chemistry neighbour chirp alley bright

¡Enhorabuena, has llegado al final del capítulo 4! Es el momento de contabilizar los iconos y de apuntar el resultado en la página 128 para la evaluación final.

5 El discurso indirecto

El discurso indirecto

Se utiliza para informar del propósito de alguien *(ha dicho que...).* Cuando se pasa del discurso directo al indirecto, hay que hacer algunas adaptaciones.

Concordancia de tiempos:

Discurso directo	Discurso indirecto	Ejemplos
Presente simple	Pasado simple	He said: "I'm in love with Joan". ➜ He said that he was in love with Joan.
Presente continuo	Pasado continuo	He said: "I'm going to have lunch". ➜ He said that he was going to have lunch.
Futuro	Condicional	They said: "We'll be late". ➜ They said that they would be late.
Pasado simple	Pasado perfecto	She said: "I didn't arrive on time". ➜ She said that she didn't / had not arrived on time.
Pasado perfecto	Pasado perfecto	She said: "I didn't arrive on time". ➜ She said that she didn't / had not arrived on time.
Presente perfecto	Pasado perfecto	She said: "John had already learned Italian" ➜ She said that John had already learned Italian.
Imperativo	To + verbo	"Don't touch the window" the lady told me. ➜ The lady told me not to touch the window.
Can	Could	"I can sing opera" he said. ➜ He said he could sing opera.
May	Might	She said: "I may need your help". ➜ She said that she might need my help.
Must	Have to o Must	"You must fill in the form" I said. ➜ I said that you must/had to fill in the form.
Would, could, should, might	No cambian	He said: "I should quit smoking". ➜ He said that he should quit smoking.

Nota 1: en el lenguaje familiar o cotidiano, la conjunción **that** se suele omitir.

Nota 2: los pronombres personales se deben adaptar (ej.: She said "I phoned **my** mother" ➜ She said that she phoned **her** mother).

1 Completa las siguientes conversiones.

1. My neighbours said: "We can lend you our mower". ➜ They told me that they .... lend .... mower.

2. You told me: "I will come to your party". ➜ You told me that .... come to .... party.

3. James said: "I visit my parents on Sundays". ➜ James said that he .... parents on Sundays.

4. We told her: "We have heard you were sick". ➜ We told her that .... that .... sick.

5. They said: "We may arrive a bit late". → They said that they .... arrive a bit late.

6. She said: "I'm going to drive my sister to the station". → She said that she .... to drive .... sister to the station.

Órdenes y peticiones

Se utilizará el infinitivo en el discurso indirecto, en particular con los verbos **ask** y **tell** (ej.: "Don't watch!" → She told me not to watch). Se utilizará **tell** si se menciona el complemento indirecto, si no habrá que utilizar **say** (ej.: He said (that) he had lost his job / He told me that he had lost his job). Después de **tell**, podemos encontrar diversos tipos de estructuras:

Complemento indirecto + **when**, **why**, **what**, **who**, **where**, **how**	You told me **why** you left.
Complemento indirecto + infinitivo	She told me **to drive** her.
Complemento indirecto + **when**, **why**, **what**, **who**, **where**, **how** + infinitivo	They told me **what to do**.

2 **Transforma estos enunciados como en el ejemplo.**

Ejemplo: "Call me this afternoon."
→ You told me when to call you.

1. "I left because I was tired."

→ ....

2. "Go to the post office."

→ ....

3. "Ask for Mr Smith."

→ ....

4. "Don't interrupt her."

→ ....

Adverbios y determinantes

Al igual que los pronombres personales, hay que adaptarlos.

Discurso directo	Discurso indirecto
yesterday	**the day before**
tomorrow	**the following day**
last week	**the week before**
a year ago	**a year before**
next week	**the following week**

3 **Escribe los enunciados en discurso indirecto.**

1. Stella said: "I went to the doctor's yesterday".

→ ....

2. Ian said: "My wife will come back home next week".

→ ....

3. Olivia said: "I'm meeting my new boss tomorrow".

→ ....

4. Marcus said: "I left my book in the Tube last week".

→ ....

5. Max said: "I had to stop smoking last year".

→ ....

Las frases interrogativas

Al contrario que en el estilo directo, en el estilo indirecto no se utiliza el auxiliar **do** y no se cambian de lugar el sujeto y el verbo. El orden de las palabras es por tanto el mismo que en una frase afirmativa. Si no hay pronombre interrogativo (**who**, **where**, **why**, etc.), la pregunta llevará la conjunción *«si»*, que se traducirá por **if** o **whether** *(«si sí o no»)*. Ej.: The police asked me if I had heard something. / She asked me whether I liked it.

Nota: un verbo muy útil a recordar, **to wonder** *(preguntarse)*.

4 **Como en el ejemplo, construye las frases en discurso indirecto con ayuda de los elementos proporcionados.**

Ejemplo: to • I • them • my • asked • whether • party • come • would • they
→ *I asked them whether they would come to my party.*

1. time • wonder • is • it • what • I

→ ....

2. me • could • hand • asked • she • if • her • I • a • give

→ ....

3. Janet • whether • I • still • he • Paul • loved • asked

→ ....

Verbos introductorios

En una conversación en discurso indirecto, para evitar utilizar todo el tiempo **tell** o **say** y para aportar matices sobre el tono y el contexto de una réplica, hay que saber elegir a veces un verbo introductorio adecuado.

Ej.: con el enunciado **I should not have raised my voice**, se podrá utilizar el verbo **to admit** → He admitted that he should not have raised his voice.

5 **Reformula los siguientes enunciados en discurso indirecto utilizando uno de los verbos sugeridos como verbo introductor y realiza las modificaciones necesarias.**

Ejemplo: "Fold it in two" → He explained that I needed to fold it in two.

to advise – to ask – to beg – to suggest

1. "Please, forgive me, please." → ....
2. "You should stop smoking." → ....
3. "How old are you?" → ....
4. "How about going to the restaurant?" → ....

Errores ortográficos frecuentes

¿Consonantes dobles o simples? ¿**A** o **E**? ¿Falta una **E** o no? Algunas palabras inglesas se suelen escribir mal. Comprueba tus conocimientos con el siguiente ejercicio.

6 **Corrige las palabras que tengan algún error.**

adress exemple SEPERATE to loose wierd immediatly

rythm runing weight occurring GOVERNEMENT

development environment definitely developed unfortunately

embarrassing

HEIGHT completely opening preferring accross

agressive weding disapoint DILEMMA

career sandwich

accommodation acheivement INDEPENDENT successfull

Sinónimos

Para mejorar tu comprensión oral, pero también para ganar soltura cuando tomes la palabra, es importante que enriquezcas tu vocabulario y conozcas muchos sinónimos. El ejercicio de la página 30 te servirá para repasarlos. ¡Es tu turno!

7 Coloca las siguientes palabras en la casilla correspondiente a su sinónimo.

pretty – unbelievable – mad – fabulous – wonderful – astonishing – enraged – miserable – extraordinary – fantastic – stunning – sad – tiring – wound – furious – lovely – boring – inflamed – handsome – harm – dejected – amazing – pain – attractive – injure – gorgeous – uninteresting – sorrowful – melancholy

1.	**Incredible**	....
2.	**Beautiful**	....
3.	**Unhappy**	....
4.	**Angry**	....
5.	**Hurt**	....
6.	**Dull**	....

8 En cada una de las siguientes listas, señala la palabra que no es sínonimo del término propuesto.

1. scared: **afraid, fearless, frightened, fearful**
2. strange: **odd, peculiar, preposterous, weird**
3. clever: **intelligent, grumpy, smart, bright**
4. serene: **calm, crooked, composed, relaxed**
5. goal: **aim, purpose, asset, target**
6. useful: **convenient, functional, handy, grateful**
7. fat: **clumsy, stout, plump, chubby**
8. to occur: **take place, spend, happen**
9. to delete: **erase, cancel, sample**
10. to mend: **attach, fix, repair**

9 Entre los siguientes pares de palabras, algunos son incorrectos. Encuéntralos y coloca en el lugar adecuado las palabras mal situadas.

purchaser / customer • make better / improve • evidence / gift • permit / swear • promise / allow • proof / present • jail / prison • entire / whole • thin / slim

La casa (1/2)

Hay dos palabras para traducir el término «casa»: **house** se refiere al edificio físico, hecho de ladrillos, mientras que **home** es el hogar (con una connotación afectiva, por lo tanto). Y ahora, ¡a trabajar!

10 *Hidden words* – Encuentra la traducción de las siguientes palabras.

I	L	K	O	D	A	C	U	S	H	I	O	N	O	T	U	V	A	B	E
R	L	E	L	U	O	U	R	E	N	T	E	O	N	F	A	D	T	E	A
E	A	T	I	S	C	I	E	B	R	O	T	F	R	U	S	O	T	I	E
N	N	T	V	T	E	R	B	L	I	N	D	L	E	R	A	O	I	K	H
T	D	L	E	B	I	U	A	C	A	T	O	O	M	N	U	R	C	A	I
A	L	E	C	I	L	G	G	A	T	W	W	O	O	I	C	S	I	N	K
L	O	V	E	N	I	S	T	F	L	A	T	R	V	T	E	T	R	E	I
O	R	H	U	B	N	O	A	I	N	L	E	O	A	U	P	E	O	D	N
B	D	O	G	E	G	F	N	I	N	L	O	W	L	R	A	P	O	U	G
S	I	T	Z	E	B	A	S	E	M	E	N	T	I	E	N	I	F	E	R

1. Apartamento
2. Alquilar / alquiler
3. Alfombra
4. Suelo
5. Sótano
6. Cojín
7. Techo
8. Persiana
9. Sofá
10. Pared
11. Mudanza
12. Casero
13. Umbral
14. Sartén
15. Horno
16. Hervidor
17. Cubo de basura
18. Fregadero

El sonido [ei]

El sonido **[ei]** se encuentra con la letra **a** a seguida de una consonante y una **e** (ej.: cave, fate), con una **a** seguida de una o dos consonantes y una **e** (ej.: cradle, basis), con las grafías **ei**, **ey**, **ai**, **ay** y **ea** (ej.: eight, they, rail, way, great). No obstante, hay algunas excepciones…

11 Localiza el intruso.

1. play lake ladder take trade tray ladle
2. fake whale says brain steak paid stale
3. AGAIN SNAIL MALE MAY GREAT BAKE WAIT
4. weight brake sway gain said sale Spain
5. way make fashion main tale fail pancake

Pronunciación de «OO»

La grafía **oo** se puede pronunciar de cinco maneras diferentes: **[u] larga** (ej.: food, school), **[u] más breve** (ej.: book, cook), **[o] larga** (ej.: door), **[a] cerrada** (ej.: flood), **[u] larga / [u] breve** seguida de un sonido **[e] cerrada** (ej.: poor).

12 Clasifica las siguientes palabras según la pronunciación de la grafía oo.

moon – foot – floor – blood – moor – tool – wood – boot – good – zoo – hood – understood – smooth

Como food	Como book	Como door	Como flood	Como poor
....	....	....	....	....
....	....	....	....	....

¡Enhorabuena, has llegado al final del capítulo 5! Es el momento de contabilizar los iconos y de apuntar el resultado en la página 128 para la evaluación final.

6

La construcción verbal: ¿to, -ing o Ø?

La base verbal sin to (Ø)

Se utiliza detrás de los verbos **make** y **let** (ej.: He always makes us laugh / Let him decide!), los **modales** y **had better** (ej.: We could call her / We'd better call her) y en la estructura **why/why not?** (ej.: Why not stay for dinner?). También se emplea para formar una hipótesis, una obligación, una crítica o una sorpresa en subjuntivo, en enunciados como **it is important/necessary/strange/surprising that**, y los verbos **ask**, **advise**, **demand**, **desire**, **insist**, **order**, **prefer**, **recommend**, **request**, **require**, **suggest**, etc. La formación del subjuntivo es muy sencilla: sujeto + base verbal **Ø** en todas las personas, así pues sin añadir una s en la 3.ª persona (ej.: It is important that he be on time / They requested that you come alone).

La base verbal con to

To expresa la idea de objetivo, meta; por tanto, se utiliza a menudo para evocar la realización futura de una acción. Se emplea: con la mayoría de los verbos no auxiliares como **ask**, **choose**, **decide**, **hope**, **want**, etc., después de los interrogativos **what**, **who** y **where** (ej.: Tell me what to do), después de los cuantificadores como **enough** o **too much** (ej.: There was enough water to wash the dishes), después de algunos adjetivos que expresan una emoción como **disappointed**, **happy**, **relieved**, **sad** y de los adjetivos **right**, **wrong**, **stupid**, **careful**, **able**, **likely**, **lucky** (ej.: He was stupid enough to lend him money). También se utiliza en las oraciones infinitivas, traducidas al español por un subjuntivo, y que encontramos con verbos como **order**, **advise**, **tell**, etc. Estas pueden estar introducidas por **for** o no (ej.: It's not good for you to be alone = *¡No es bueno que estés solo* / He wanted us to leave = *Él quería que nos fuéramos*).

1 **Completa las frases con Ø o *to*.**

1. He let her .... take full responsibility.
2. I was very disappointed .... learn that she had failed her exam.
3. They demand that you .... attend the meeting.
4. He told us .... mind our own business.
5. You'd better not .... tell the boss about that blunder.
6. I would not advise you .... take that road after 6 pm.
7. Paul expected Sarah .... forgive him.
8. Why not .... go to the cinema on Saturday?

La desinencia -ing

Hay que recordar que, al contrario que **to**, que está orientado hacia la realización de una acción, **-ing** es más estático. Evoca un estado o una noción (ej.: I'm going to run **vs** I like running). Podemos encontrar **-ing** en forma de gerundio (ej.: She stopped crying), de participio presente (ej.: I imagine him singing!), pero también como verbo sustantivado. En efecto, los verbos en **-ing** suelen ejercer de sustantivos, ya sea en posición de sujeto (ej.: Eating fish is a healthy habit) o complemento (ej.: I don't mind driving at night). Así, podemos generalmente traducir un verbo en **-ing** por un sustantivo o por la expresión *«el hecho de...»* (ej.: Smoking is banned in public places: *el tabaquismo/el hecho de fumar...*). Se utiliza con algunos verbos como **avoid**, **consider**, **deny**, **enjoy**, **fancy**, **feel like**, **imagine**, **mind**, **resent**, **spend**, **suggest** (ej.: We are considering changing our car), las expresiones **can't help**, **can't stand** y **not mind** (ej.: I don't mind washing the dishes), las preposiciones y los **phrasal verbs** (ej.: Sorry for being late / She insisted on paying for the damage), generalmente detrás de verbos de percepción **see**, **watch**, **hear**, **feel** (ej.: I saw him stealing the car), después de las expresiones **look forward to**, **object to**, **be used to** (ej.: I'm looking forward to hearing from you) y con verbos como **remember** y **regret**, para recordar acontecimientos pasados (ej.: I regret telling him I agreed).

Nota: algunos verbos aceptan a veces **to** e **-ing**. Es el caso de los verbos de comienzo, continuación o parada, como **begin**, **start**, **stop**, **continue**, así como los verbos de apreciación, como **hate**, **like**, **love**, **prefer** (salvo en condicional, donde van seguidos de **to**).

2 **Algunas frases son correctas y otras contienen errores. Haz las correcciones necesarias.**

1. I can't afford buying a new car.

➜ ....

2. You really need to work harder.

➜ ....

3. I'm used to sleep very little.

➜ ....

4. I gave up smoking last year.

➜ ....

5. He left without to say goodbye.

➜ ....

6. I don't enjoy to swim much.

➜ ....

7. I prefer staying home tonight.

➜ ....

8. Washing with cold water is good for your skin. ➜ ....

9. I can't help bite my nails.

➜ ....

3 Relaciona cada inicio de oración con la construcción correcta.

1. I agreed
2. We will consider
3. She refused
4. I remember

- **a**. to help him.
- **b**. helping him.

---

5. I don't mind
6. We forgot
7. Remind me
8. He gave up

- **c**. inviting her.
- **d**. to invite her.

4 Pon los verbos entre paréntesis en la forma adecuada.

1. I'd prefer you **(see)** .... your doctor before **(take)** .... this drug.
2. **(walk)** .... is an easy way to exercise.
3. They suggest that you **(take)** .... a taxi.
4. He had made his decision. I could not prevent him from **(go)** ....
5. Are you rich enough **(afford)** .... a castle?
6. James is very good at **(fix)** .... electrical appliances.
7. Just for fun "I do wish I could tell you my age but it's impossible – it keeps **(change)** .... all the time", Greer Garson.
8. "Literature is mostly about **(have)** .... sex and not much **(have)** .... children. Life is the other way round", David Lodge.

Expresiones idiomáticas (1/3)

Comprender un lenguaje formal no figurado no supone generalmente ningún problema cuando se tiene un nivel de inglés correcto. Por el contrario, entender sin dificultad a interlocutores que utilizan expresiones más idiomáticas ¡es harina de otro costal! Por desgracia, este lenguaje idiomático es el que utiliza la gente en la vida cotidiana y no lo podrás esquivar. Aprende todas las expresiones que puedas para comprenderlas y, más adelante, utilizarlas.

5 Señala las palabras que...

1. ...indican una forma de mirar:

to intend • to stare • to devise • to fail • to glance • to peep • to blend • to glimpse • to behold • to tackle

2. ...significan «divertirse»:

to have bats in one's hat • to have a ball • to be in a pickle • to be wet behind the ears • to have a whale of a time • to have it both ways • to have a blast

3. ...significan "I don't know".

I have no clue • I'm clueless • it rings a bell • I don't feel it in my bones • I have no idea • I'm not kidding • I don't have the foggiest

4. ...significan "I feel good".

to have an affair • to feel like a million dollars • to have a way with • to be full of beans • to be in the pink • to have an axe to grind • to be as fit as a fiddle • to have a sweet tooth

5. ...significan que algo no es fácil.

it's no tea party • it's no fun and sun • it's no fun and rum • it's no picnic • it's no tea biscuit • it's no bed of roses • it's no toast and champagne

La casa (2/2)

Recuerda: house hace referencia a la casa como edificio físico, mientras que **home** significa el hogar. Como veremos en otro capítulo, los muebles se dice **furniture** (incontable), pero si queremos nombrar un mueble, diremos **a piece of furniture**.

6 Señala la o las traducciones correctas.

1. Cocina *(aparato)*:	☐ cook	☐ stove	☐ cooker
2. Un armario:	☐ a wardrobe	☐ a cupboard	☐ a shelf
3. Estanterías:	☐ shelves	☐ floors	☐ hangings
4. Cortinas:	☐ towels	☐ curtains	☐ shutters
5. Una manta:	☐ a sheet	☐ a comforter	☐ a blanket
6. Lavavajillas:	☐ washing-machine	☐ washer	☐ dishwasher

7 Escribe las letras que faltan para reconstruir la traducción de las siguientes palabras.

1. sartén: **F _ _ ING PAN**
2. plancha: **_ _ ON**
3. sábanas: **S _ E _ _ S**
4. almohada: **P _ L _ O _**
5. ducha: **_ _ O _ ER**
6. taburete: **S _ _ _ L**

8 Ordena las letras correctamente para encontrar la traducción de estas 8 palabras.

1. champú jabón dentífrico afeitarse → ....

2. aspirador escoba barrer polvo → ....

La grafía EA

La grafía **ea** se puede pronunciar: **[ei]** (ej.: great), **[e]** (ej.: heavy), **[e] cerrada** (ej.: learn), **[a]** (ej.: heart), **[i]** (ej.: weak), **[e]+[e] cerrada** (ej.: bear) o **[ie]** (ej.: appear).

9 Clasifica las palabras en la tabla en función de la pronunciación de la grafía *ea* (atención: una de estas palabras no pertenece a ninguna de estas categorías).

pear – reaction – breathe – swear – steak – bear – hearth – sweat – cleanse – clean – dread – year – idea – earth – yearn – head – beard – cereal – wear – rear – ocean – deaf – spread – overhear – spear – weary – weapon – pleasure – leant – lean – measure – eager – freak

[ei]	[e]	[e] cerrada	[a]	[i]	[e]+[e] cerrada	[ie]

El sonido [i] corto

En inglés, este sonido se encuentra en las grafías **i** (ej.: fit), **y** (ej.: sherry) y **e** (ej.: be); y a veces **ey** (ej.: money) y **a** (ej.: image). También existen algunos casos excepcionales con otras letras, como los que descubrirás al hacer el siguiente ejercicio.

10 Señala, en cada una de las siguientes palabras, la o las letras que se pronuncian [i] corta, si tienen este sonido.

1. belong vintage advantage between attorney village orange recipe beverage
2. honey hostage damage mirage sausage entourage -uency Nike foreign
3. WAGE FIN MARRIAGE UNDERAGE PLEDGE EASY RECEDE SYNONYM KITE
4. child five journey melody amplify beyond kidney become Tory savage
5. develop kindle women business fuzzy Penelope fry coyote chives

¿[i] corta o larga?

El sonido **[i]** suele ser **corto** en las grafías **i** e **y** (ej.: slit, envy) y **long** en las grafías **ee**, **ea**, **ie**, **ei** ei y a veces **ey** (ej.: compete, meat, sleep, police, perceive, key, field). Pero siempre hay excepciones...

11 Clasifica las siguientes palabras en la tabla.

complete – delete – beam – bean – cheat – meat – sick – read – speak – exist – eve – bee – dish – giggle – keep – deep – leek – squeeze – ceiling – erratic – conceive – perceive – hiss – receive – people – key – machine – ill – magazine – sweet – jingle – honey – journey – hit – monkey

[i] corta	[i] larga
....	....
....	....
....	....
....	....

¡Enhorabuena, has llegado al final del capítulo 6! Es el momento de contabilizar los iconos y de apuntar el resultado en la página 128 para la evaluación final.

7

Estructuras causativas

Las estructuras causativas (1/3)

Sirven para aludir a una acción que es la causa pero que no se ha cumplido en sí misma, y que se traducirá por *«hacer que alguien haga algo por/para nosotros»* o *«hacer* + infinitivo*»*. Para formar una estrucura causativa, se utiliza uno de los tres verbos siguientes: **make, have** o **get**.

- **Make:** se utiliza en un sentido activo ➜ el agente hace cumplir una acción a alguien, pero no necesariamente bajo coacción (ej.: Her mother made her obey). Con **make**, el agente no siempre es la causa de la acción (ej.: He always makes me smile). **Make** también se utiliza para señalar un cambio de sentimiento o de estado, y para ello se utiliza la siguiente estructura: **make** + objeto directo + adjetivo (ej.: The news made me sad).
- **Have:** se utiliza en un sentido pasivo ➜ el agente hace sufrir la acción. Si no se le alude, se seguirá el siguiente esquema: **have** + objeto + verbo en participio pasado (ej.: I had the kitchen painted). Si se alude al agente, el participio pasado se reemplaza por la base verbal, el OI (si hay alguno) se intercalará entre **have** y el infinitivo, y el OD se situará al final de la frase (ej.: She had her husband do the shopping).

Nota: con **have**, hay una idea subyacente de que el agente se beneficia de algo.

1 **Relaciona cada inicio de frase con su final correspondiente.**

1. I had the neighbour •
2. Her new boyfriend •
3. Jenny had her brother •
4. She had her in-laws •
5. This article was really offensive and it •
6. Our boss •

• **a.** made me so angry.
• **b.** look after the children.
• **c.** made us work overtime.
• **d.** receive my parcel for me.
• **e.** made her choose between him and her child.
• **f.** drive her to the airport.

2 Traduce las siguientes frases.

1. Su marido la hace muy feliz. → ....
2. He arreglado el coche. → ....
3. Esta película siempre me hace llorar. → ....
4. La anciana me hizo repetir tres veces. → ....
5. Mi madre ha redecorado el salón. → ....
6. Whitney ha pedido la compra. → ....

Las estructuras causativas (2/3)

- **Get**: se utiliza en un sentido dinámico, en la medida en la que su primer significado es *«obtener»*. Marca los cambios de estado: **to get somebody TO do something** = *disponer para que, asegurarse de que...* Con **get**, existe la idea de que hemos traído a alguien para hacer algo (ej.: She didn't want to come with us but I got her to change her mind).

3 Completa las siguientes frases con *make*, *have* o *get*, conjugados en el tiempo que convenga.

1. My husband is very stubborn but I finally .... him to see a doctor.
2. It .... me sad to think that he's all alone now.
3. Paul .... the plumber to give us a 10% discount.
4. Jimmy will .... a co-worker cover for him tomorrow.
5. Their son is a baker. They'll .... him make the bread for the party.
6. The mayor was very angry and .... the offenders clean their own graffiti.

Las estructuras causativas (3/3)

Nota: puede haber contextos en los que *«hacer que alguien haga algo por/para nosotros»* se traduzca por estructuras diferentes. Nos cruzaremos con algunas en el ejercicio siguiente.

Socializar

En inglés **socializing, to socialize** significa *«salir»*, *«ver gente»*. En cuanto a **to entertain (guests)**, quiere decir *«recibir gente (a cenar)»*.

dessert RECKON in
seat nice fair all
make late bring
ages
stuck HERE
help in
get-together drink
rent
work way welcome
SUCKS been meet
have sometime cheers
pals HEARD afraid
alright barbecue place
lovely safely done care
scotch
JOIN sweetheart

4 Traduce las siguientes frases.

1. Ha llegado la Srta. Silver, hazla pasar.
   → ....
2. Fui a la peluquería a cortarme el pelo.
   → ....
3. ¡Nos hicieron esperar durante 2 horas!
   → ....
4. No podía hacerme oír.
   → ....
5. Le obligué a pagar la cuenta.
   → ....

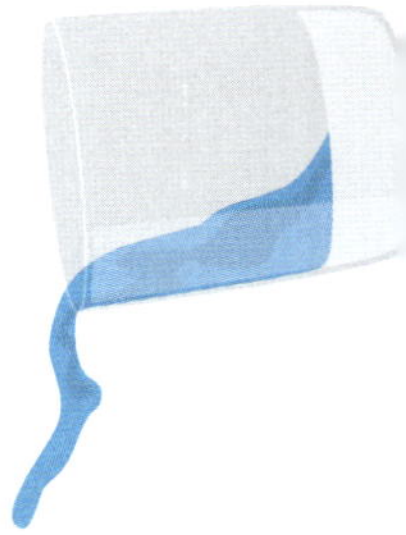

5 *Dinner with friends* – Completa este diálogo con ayuda de la lista de palabras de la izquierda.

James – .... you are! Good evening Alan, ... to our place!

Alan – Good evening! I'm sorry I'm a bit late. I got .... in traffic.

James – Come .... Liza, this is my friend Alan. Alan this is my partner Liza.

Alan – Hello Liza, ... to .... you. What a beautiful house you ....!

James – It's so good to see you! It's been ....! How have you ....?

Liza – Please have a ....

Alan – I've been .... I'm still a workaholic, you know me. What about you, how did you two meet?

Liza – We met at .... We're both sales manager at B&Q.

James – Can I get you something to ....? What's your poison?

Alan – What are you having?

James – .... or rum and coke?

Alan – It's .... one to me. I'll have what you're having.

All – ....! Here's to old friends!

Liza (bringing the food) – .... yourself Alan.

Alan – Thank you. It's delicious Liza, the beef is .... to a T!

James – Say Alan, I was thinking about organising a .... with our old .... from university and high school, what do you ....?

Alan – What a good idea. I'm ....!

James – I was thinking maybe we could .... a cottage or something. It would be more lively and cosy than in a restaurant? Or maybe if you don't mind, we could do it at your ...., you do have a big garden, don't you? We would help with everything of course.

Alan – .... enough. Okay, let's do that.

James – I don't know if you .... though but Robert Newman has just had a heart attack so I don't think he'll be able to .... it.

Alan – Oh no, it ....!

James – By the ...., you can invite your sister. I think her high school .... Liam should be there!

Alan – Will do. Oh, it's getting ...., I'm .... I've got to be going. Thank you again. I had a .... evening.

James – We should do this again ....

Alan – Well, I'm inviting my neighbours for a .... on the 15th. Would you care to .... us?

James and Liza – We'd love to! Do you want us to .... something?

Alan – You can bring .... if you want.

James and Liza – Deal! Drive ....!

Alan – See you! Take ....!

Comida (1/2)

El escritor gastronómico Bill Marsano declaró: "The British Empire was created as a by-product of generations of desperate Englishmen roaming the world in search of a decent meal". Interesante teoría histórica... Sea como fuere, haz el siguiente ejercicio como aperitivo.

6 **Ordena correctamente las siguientes letras para obtener la traducción de los siguientes pares de palabras.**

1. plato / tenedor: **ORISKFDH** ➜ .... / ....
2. cuchara / cuchillo: **INEKFONOSP** ➜ .... / ....
3. servir (bebida) / vino: **RPUOEWNI** ➜ .... / ....
4. vaso / tetera: **EATPOGSLAST** ➜ .... / ....
5. sin gas / con gas (agua): **SNGILLRKTSLIAP** ➜ .... / ....
6. miel / mermelada: **EYAMJONH** ➜ .... / ....

Adjetivos, ¿acabados en -ic o -ical?

Realmente no hay reglas para elegir entre las desinencias **-ic** y **-ical**. Generalmente, cuando el nombre con el que comparte la misma raíz termina en **-ic**, los adjetivos terminan en **-ical** (ej.: a mechanic/mechanical, ø logic/logical).

Algunos adjetivos **utilizan los dos indistintamente y con el mismo significado** (ej.: cynic/cynical, ironic/ironical, magic/magical, symbolic/symbolical). A veces, en algunos casos relativamente escasos, las dos formas tienen un significado diferente. Recuerda el caso principal: **economic / economical**.

7 **Señala el adjetivo correcto en los siguientes pares (que aceptan el doble uso).**

academic/academical • energetical/energetic • physic/physical • tragic/tragical • critical/critic • democratic/democratical • biological/biologic • grammatic/grammatical • dramatic/dramatical • pathetical/pathetic • logical/logic • mathematic/mathematical • mechanical/mechanic

8 **Coloca el adjetivo que corresponda para formar una frase correcta: economic / economical.**

1. Her husband is very ...., he does not spend much.
2. Most Western societies are now faced with .... problems.

Pronunciaciones de la letra E

La letra E se puede pronunciar de 5 maneras diferentes: **[i] larga** para las grafías **ee**, **ie**, **ei** y **e** a final de palabra (ej.: tree, receive, believe, me), **[i] corta** con la grafía **e** al principio de algunas palabras (ej.: defend, eleven), en el pretérito de los verbos que terminan en **t** o **d** (ej.: accepted, depended) y al final de algunas escasas palabras como las de origen griego (ej.: Penelope, coyote), **[u] larga** cuando la **e** va seguida de una **w** (ej.: flew, few) y en la grafía **ue** (ej.: blue, sue), **[e]** cuando la **e** se encuentra entre dos consonantes (ej.: best, get), **[e] cerrada** cuando la **e** va entre una consonante y una **r** (ej.: her, donde a penas se escucha la **r**, se trata más bien del sonido **[e] cerrada larga**).

9 ***Right or Wrong?* La E se pronuncia de la misma manera en:**

1. person y were ☐ R ☐ W
2. become y Nike ☐ R ☐ W
3. enough y recipe ☐ R ☐ W
4. defend y entrance ☐ R ☐ W
5. level y sesame ☐ R ☐ W
6. true y new ☐ R ☐ W

10 **Clasifica las siguientes palabras según la pronunciación de la letra E.**

wet fee NEED
exist water coyote
started respect stew
CREW suggested queue
herd egg apprehended
Albuquerque teacher

[i] larga	[i] corta	[e cerrada (r)]	[u] larga	[e]
....	....	....	....	....

¡Enhorabuena, has llegado al final del capítulo 7! Es el momento de contabilizar los iconos y de apuntar el resultado en la página 128 para la evaluación final.

8
Estructuras resultativas

Principio general

- Las estructuras resultativas son las estructuras que ponen en evidencia dos elementos: el medio y el resultado de una acción. El inglés respeta el orden cronológico de los acontecimientos, menciona primero el medio empleado y después el resultado. Las estructuras más cortas utilizan simplemente un adjetivo / participio pasado: sujeto + verbo + grupo nominal + adj / pp. (ej.: The child licked his fingers clean / She kicked the door shut).
- Pero el verbo puede ir seguido de una posposición (**away, off, in, to,** etc.). Generalmente estas estructuras sirven para expresar un cambio de lugar (ej.: The dog scared the postman away ➜ *Le ha hecho huir de miedo*), o de estado (ej.: The dog ate himself sick ➜ *Se puso malo de comer mucho*) o una finalidad (ej.: He drank himself to death ➜ *Su alcoholismo le ha matado*). Este tipo de estructura se utiliza particularmente para mencionar cómo se ha llegado a alguna parte (ej.: I cycle to the gym = *Voy al gimnasio en bicicleta*).

1 Relaciona cada comienzo de frase con su final correspondiente.

1. Shake the salad •	• **a**. away.
2. Wake up, do not sleep your time •	• **b**. dry.
3. Where have you been? I was worried •	• **c**. loose.
4. Take a knife and cut this knot •	• **d**. sick.

2 Ordena los elementos para formar frases correctas.

1. exhaustion/worked/his/to/himself/father

➜ ....

2. heart/wife/way/to/cooked/my/her/my

➜ ....

3. brush/clean/polish/shoes/take/your/some/and

➜ ....

4. was/game/off/rained/football/the

➜ ....

5. sleep/to/herself/cried/she

➜ ....

3 Traduce las siguientes frases.

1. Jack va al trabajo en coche.

→ ....

2. Ella fue a Dublín en avión.

→ ....

3. Ha leído tanto que se ha quedado ciego.

→ ....

4. Él salió corriendo de la cocina.

→ ....

5. Mi hermana cruzó el canal de la Mancha a nado.

→ ....

6. Me despierto haciendo footing.

→ ....

Casos particulares

Las estructuras más completas sirven para traducir las nociones de *«persuadir / disuadir»*. Se construyen de la siguiente manera: agente + verbo + grupo nominal o pronombre + grupo preposicional **into/out of + -ing**. Para persuadir, se utilizará **into** y para disuadir **out of**. LEl verbo servirá para expresar la manera en la que se hace, con dulzura, con amenazas, etc. (ej.: He charmed her into helping him / He charmed her out of punishing him = *Utilizó sus encantos para que ella le ayudara / para evitar que lo castigara).*

4 Acaba las siguientes traducciones: coloca las etiquetas en el lugar correcto (¡no te olvides de conjugar los verbos!) y señala la preposición correcta.

give · accept · admit · coax · threaten · sweet-talk · blackmail · sign

1. James la amenazó para que admitiera su error.

→ James .... her **out of/into** .... her mistake.

2. Él le habló dulcemente para que no aceptara la invitación.

→ He .... him **out of/into** .... the invitation.

3. Su suegra le chantajeó para que firmara el contrato.

→ His mother-in-law .... him **out of/into** .... the contract.

4. El niño engatusó a su madre para que le diera una galleta.

→ The little boy .... his mother **out of/into** .... him a biscuit.

¿Remember o remind?

- **Remember** significa *«acordarse de algo, no olvidar o haber olvidado»* (ej.: I can't remember her name).
- **Remind** significa *«recordar»* » en el sentido de *«hacer pensar en ello para no olvidar»*. Va seguido de una estructura con **to** + verbo cuando le sigue una acción (ej.: Remind me to email her) o de una oración con **that** cuando le sigue la evocación de un hecho (ej.: It reminds me that my mom is turning 60 next month).

Nota: memoriza la expresión **to remind of**, que significa *«hacer pensar en alguien o en algo»* (ej.: He reminds me so much of his father).

5 Traduce las siguientes frases.

1. El olor de la tarta de manzana me recuerda siempre a mi abuela.

→ ....

2. Recuerdo haber cerrado la puerta.

→ ....

3. No me acuerdo nunca de en qué año nació ella.

→ ....

4. Eso me recuerda que mañana debo levantarme más temprano.

→ ....

5. No te olvides de la reunión a las 4 de la tarde.

→ ....

6. Recuérdame que apague el gas antes de salir.

→ ....

Inglés *vs* americano

Inglés	Americano
colour	color
centre	center
catalogue	catalog
analyse	analyze
cheque	check
licence	license

Hay muchas diferencias entre el inglés y el americano:

- Pueden ser de orden **ortográfico**, como muestra esta tabla.
- La diferencia más notable es sin duda el **acento**: quizá el americano sea un poco más nasal. La particularidad más destacable del americano, es la pronunciación de las T. Generalmente está muy atenuadas e incluso a veces se pronuncian como una D (ej.: en butterfly, se escucha *budderfly*, better ➜ *bedder*, butter ➜ *budder*, etc.) o casi desaparece en algunas palabras (ej.: interview ➜ *innerview*).
- Pero existe sobre todo una diferencia destacable de **léxico**. Descubre algunos ejemplos al realizar los siguientes ejercicios.

6 **Ayuda a Sherlock Holmes a comprender lo que le dice tío Sam, su amigo americano, proporcionando el equivalente inglés de las palabras en negrita. Si lo necesitas, consulta la lista de palabras que aparecen boca abajo.**

«I had a really bad day, I'm so so **mad (1)**. I went out for a **movie (2)** and had to take the **subway (3)** and then a **cab (4)** to get there because my **truck (5)** broke down. Then I had to **line up (6)** for a whole hour to see that movie. When I came back home, the **elevator (7)** was out of order and I had to walk up to the 10th **storey (8)**. Then I wanted to **fix (9)** myself something to eat but my fridge and cupboard were empty so I went to the **store (10)** and it had closed already. So I had to go to a **diner (11) downtown (12)**. Of course, they were out of **zucchini (13)**, my favorite! When I asked for the **check (14)** I realized that I had forgotten my **purse (15)**. Thank God I had a few **bills (16)** in my **raincoat (17)**. And finally, when I came back home, my neighbor told me the mailman had left a **package (18)** for me. It was the shoes I ordered a few days ago and they are so **dumb (19)** they sent the wrong size!»

floor, prepare,
shop, angry,
film, underground,
mackintosh, parcel,
stupid, taxi, car, queue up,
lift, cafe, town center, courgette,
bill, banknotes, handbag

1. ....
2. ....
3. ....
4. ....
5. ....
6. ....
7. ....
8. ....
9. ....
10. ....
11. ....
12. ....
13. ....
14. ....
15. ....
16. ....
17. ....
18. ....
19. ....

7 Ordena las letras para encontrar el equivalente americano de las siguientes palabras en inglés

1. autumn : **LAFL**
 → ....
2. lawyer : **EROTTANY**
 → ....
3. chemist's : **OERDGS-RUT**
 → ....
4. garden : **DAYR**
 → ....
5. hire : **NETR**
 → ....
6. holiday : **CIATAVNO**
 → ....
7. motorway : **EWFAREY**
 → ....
8. petrol : **SAG**
 → ....
9. rubbish : **EGAABRG**
 → ....
10. timetable : **LUDEHECS**
 → ....

Expresiones idiomáticas (2/3)

Los ingleses utilizan muchas expresiones visuales. Seguro que ya conoces **"it's raining cats and dogs"**. Descubre otras con el siguiente ejercicio.

8 Encuentra las siguientes expresiones con la ayuda de la ilustración y la pista.

1. To try and do something very hard to do.
 → ....
 ....

2. It's hard to earn money so you should spend it carefully.
 → ....
 ....

3. To suspect that something is going wrong.
 → ....
 ....

Los homófonos (1/2)

Un importante número de palabras inglesas tienen la particularidad de pronunciarse de la misma manera a pesar de tener una ortografía y un significado diferentes. Descubre algunas al realizar el ejercicio de la página siguiente.

9 **Forma pares de palabras que se pronuncian de la misma manera. Atención: hay una trampa y también palabras que no tienen pareja.**

ail · chews · poor · berry · Aaron · alone · -ower

you · -our · isle · dew · damn · days · bored

aunt · -oor · caught · shoes · -aw · -u

draught · bold · -ew · boar · bore · ale · dam · dire

ewe · draft · yew · aloud · due · choose · allowed

iron · do · dyer · bury · daze · dear · pour

court · board · course · aren't · bone · coarse

.... -	.... -	.... - ....
.... -	.... -	.... - ....
.... -	.... -	.... - ....
.... -	.... -	.... - ....
.... -	.... -	.... - ....
.... -	.... -	Trampa: ....

¡Enhorabuena, has llegado al final del capítulo 8! Es el momento de contabilizar los iconos y de apuntar el resultado en la página 128 para la evaluación final.

9 Estructuras elípticas

Las estructuras elípticas (respuestas y comentarios)

Una elipsis es una estructura corta utilizada para no repetir un enunciado completo.Se puede emplear para formular una respuesta o un comentario.

- **1. Como respuesta a una pregunta**

En español, se puede responder simplemente con un sí o un no a una pregunta. En inglés, después de **yes no** hay que volver a poner el sujeto + el auxiliar en el tiempo de la frase (ej.: Have you been to Australia? → Yes, I have / Did she come to your party? → No, she didn't). En particular se utiliza como respuesta a una invitación/propuesta: **I'd love/like to** (ej.: Will you be my best man? → I'd love to, se sobreentiende: I'd love to be your best man). Se emplea así sobre todo con verbos como **to believe, expect, imagine, suppose, guess, think, hope, be afraid → so/not** (ej.: Do you think she'll be okay? → I hope so / I'm afraid not = *Espero que sí / Me temo que no*).

- **2. Traducir *«yo también/yo tampoco»***

También se utiliza un giro elíptico para traducir *«yo/tú/él... ellos también»* o *«yo/tú/él... ellos tampoco»*:

– **TAMBIÉN: so** + auxiliar o modal + pronombre (ej.: They can sing, so can I / She has worked everywhere in Europe, so has he / You live in Paris, so does she).

– **TAMPOCO: neither** auxiliar o modal + pronombre (ej.: She hasn't been well lately, neither have you / I didn't have breakfast, neither did they / You should not smoke, neither should I).

Nota: en la lengua hablada, se suele decir **me/you... them too/neither**.

I Formula la respuesta utilizando la estructura elíptica adecuada.

1. Have you read Hamlet? **No.** → ....
2. Is your sister single? **Sí.** → ....
3. Do you think we will arrive on time? **Creo que sí.** → ....
4. Do you think she is seriously sick? **Espero que no.** → ....
5. How about coming over for a barbecue? **Con mucho gusto.** → ....

2 Traduce los siguientes giros elípticos.

1. I have never liked sushi. **Mi hermana tampoco.** → ....
2. Anna's mother cooks like a chef. **Su padre también.** → ....
3. Josh is going to Spain next month. **Yo también.** → ....
4. I should cut down on cigarettes. **Tú también.** → ....
5. I moved in last month. **Mis vecinos también.** → ....
6. You do not understand me. **Mi jefe tampoco.** → ....
7. I did not wash the dishes. **Mi compañero de piso tampoco.** → ....

Las estructuras elípticas (*question tags* 1/2)

- **3. Las estructuras elípticas también se utilizan para formar las question tags.**

Uso: estos pequeños enunciados interrogativos de final de frase se utilizan mucho en inglés. Generalmente se usan para pedir una confirmación → *«¿verdad?, ¿eh?, ¿sí?»*. Si la entonación es ascendente, corresponden a una verdadera solicitud de confirmación. Si la entonación es descendente, es más bien una coletilla del lenguaje.

Formación: se retoma el auxiliar de la frase (en el mismo tiempo) y el sujeto se sustituye por un pronombre:

- se retoma el auxiliar/modal/verbo en negativo si estaba en afirmativo. Si no hay ningún auxiliar en la frase, se usará **do** o **did** para retomar el verbo, como en una pregunta normal (ej.: You can speak Chinese, can't you? / They're twins, aren't they? / She runs marathons, doesn't she?)
- se retoma en afirmativo si estaba en negativo. De la misma manera, si no hay ningún auxiliar en la frase, se usará **do** o **did** ppara retomar el verbo, como en una pregunta normal (ej.: You can't really cook, can you? / She hasn't told you, has she? / They don't have a car, do they?)

Casos particulares: no se invierte la polaridad cuando la frase lleva un término negativo como **no, none, seldom, never, nothing, hardly, scarcely, barely** (ej.: She barely talked, did she?), después de un imperativo para pedir a alguien que haga algo (ej.: Shut up, will/would you?), para retomar **let's** (ej.: Let's leave, shall we?), para expresar ironía, enfado, asombro o nerviosismo → *«¿ves?, ¡ya ves!, ¡claro!»* (ej.: Late again, are you? / She married the richest man in town, did she?!)

Las estructuras elípticas (*question tags 2/2*)

Pronombres: el pronombre que se utiliza para retomar **no one, nobody, someone, somebody** es **they** (ej.: Nobody likes her, do they?). Se retoma **I am** con el tag **aren't I?**

El caso de *have*:

- Si **have** es un auxiliar en presente perfecto, se utilizará **have** en el tag (ej.: You have tried to call me, haven't you?)
- Si **have** indica la posesión, hay dos posibilidades. Si la posesión está indicada solo con **have**, entonces se considera **have** como un verbo normal, y entonces se usará **do** o **did** para el tag (ej.: She has three brothers, doesn't she?). Pero si la posesión está indicada con **have got** (EE. UU.), se utilizará **have** para formar el tag (ej.: They haven't got any children, have they?)
- Si **have** se utiliza en la expresión **have to**, **have** se considera como un verbo normal. Entonces se usará **do** o **did** para el tag (ej.: We had to do something, didn't we?)

3 **Señala el tag adecuado.**

1. Nobody left a message for me, ...?
2. She lied to you, ...!? Surprise, surprise...
3. You can't drive, ...?
4. They haven't called you yet, ...?
5. Let's call it a day, ...?
6. Your mother died last year, ...?
7. Jenny hardly ever sees her family, ...?
8. They have 3 cats and 3 dogs, ...?
9. I'm ridiculous, ...?
10. Children, now make your beds, ...?

Falsos amigos

Sin duda ya sabes de qué se trata: son palabras que, a priori, se parecen a sus homólogas francesas pero que tienen un significado completamente diferente. Atención a las confusiones y ¡adelante con los ejercicios!

4 Señala la traducción correcta.

1. **Disgusto:**
   - ☐ **a.** disgrace
   - ☐ **b.** disgust
   - ☐ **c.** annoyance

2. **Eventually:**
   - ☐ **a.** eventualmente
   - ☐ **b.** finalmente
   - ☐ **c.** circunstancialmente

3. **Fabric:**
   - ☐ **a.** tejido
   - ☐ **b.** fábrica
   - ☐ **c.** ladrillo

4. **Preservative:**
   - ☐ **a.** condón
   - ☐ **b.** privativo
   - ☐ **c.** conservante

5. **Sensible:**
   - ☐ **a.** sensitive
   - ☐ **b.** sensory
   - ☐ **c.** sensible

6. **Casualty:**
   - ☐ **a.** casualidad
   - ☐ **b.** víctima
   - ☐ **c.** informal

5 Coloca las siguientes palabras en el lugar correcto, efectuando los posibles ajustes necesarios (tiempos, plurales...).

AFFORD resume bookstore offer SUM UP currently library actually

1. She stopped working to have a drink but .... her work immediately after.
2. This article is too long. You need to .... it .... in about 200 words.
3. I need to change my car but I can't .... it.
4. He was .... a tremendous job opportunity.
5. Many .... are now suffering from online book buying.
6. Many students need to study in a ....
7. I'm not .... working. I'm taking some time off.
8. I never said I liked oysters. ...., the mere sight of them makes me sick.

6 Completa la siguiente tabla colocando las traducciones en el lugar correcto.

padres · reading · friendliness · conferencia · soso · easy/hability · health · estadio · moqueta · -le · instalaciones · soft · cold · cordura · extreñimiento · relatives · compasión · sand

Inglés	Traducción	No confundir con el español...	... que se dice
1. arena	....	arena	....
2. bland	....	blando	....
3. carpet	....	carpeta	....
4. constipation	....	constipado	....
5. facilities	....	facilidad	....
6. lecture	....	lectura	....
7. parents	....	parientes	....
8. sanity	....	sanidad	....
9. sympathy	....	simpatía	....

Comida (2/2)

A principios del siglo XX, el escritor S. Maugham dijo: **"If you want to eat well in England, eat three breakfasts"**, lo que representaba cierto consuelo. Desgraciadamente desde hace unos veinte años, se ha perdido el desayuno tradicional. Pero basta de bromas, ¡a trabajar!

7 Completa la siguiente tabla.

Palabra en español	Traducción propuesta	Right	Wrong	Posible corrección
1. tener hambre	be angry			....
2. tener sed	be thirty			....
3. goloso	greedy			....
4. masticar	to swallow			....
5. un tentempié	a snack			....
6. una rebanada	a loaf			....
7. una migaja	a crumble			....
8. un plato	a plate			....

8 **Traduce las siguientes frases.**
Presta especial atención a las palabras en negrita.

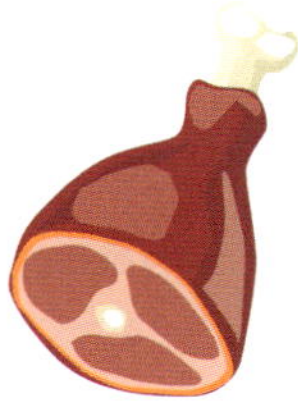

1. ¿Qué carne prefieres: **cordero, ternera o jamón**?

→ ....

2. No, esta carne no está **bien pasada**, está **poco hecha**.

→ ....

3. ¿Quiere algún **aderezo** en la ensalada?

→ ....

4. Con su carne, puede elegir entre: **coliflor, guisantes, coles, judías verdes o puré de patata**.

→ ....

Los homófonos (2/2)

Recuerda: algunas palabras en inglés se pronuncian de la misma manera, aunque tengan una ortografía o un significado diferentes. Aquí tienes algunas más.

9 **Encuentra un homófono de las palabras con la ayuda de las pistas.**

Palabra	Pista	Homófonos
1. wrest	relax...	....
2. time	... romero, etc.	....
3. sighs	talla 30 para un pantalón, por ejemplo	....
4. muscle	mariscos y crustáceos...	....
5. seas	... the day = carpe diem	....

¡Enhorabuena, has llegado al final del capítulo 9! Es el momento de contabilizar los iconos y de apuntar el resultado en la página 128 para la evaluación final.

10

Los sustantivos

Plurales irregulares

En general, los sustantivos simplemente añaden una **s** en plural. Sin embargo, hay plurales irregulares, que hay que aprender de memoria, y que revisarás al hacer los siguientes ejercicios. Pero antes de eso, aquí tienes algunos recordatorios que te pueden resultar útiles:

- Las palabras que terminan en **-f**, **-fe** o **-lf** hacen el plural en **-ves** (ej.: knife ➜ knives).
- La mayoría de las palabras que terminan en **-o** añaden simplemente una **s** n plural (ej.: zoos, radios, avocados, pianos). Este también es el caso de las palabras abreviadas (ej.: autos, kilos) y las palabras de origen italiano/español (ej.: burritos, solos, casinos). No obstante, algunas añaden **-es** en plural (ej.: heroes, tomatoes).
- Algunos sustantivos que terminan en **s**, al igual que los sustantivos de disciplinas que terminan en **-ics**, a veces funcionan como singulares y entonces van seguidos de un verbo en singular (ej.: This species is now extinct / The news is good / Genetics is her favourite subject).
- Algunos sustantivos singulares en español son plurales en inglés (ej.: *un short* ➜ shorts / These shorts are too tight).
- Algunos sustantivos ingulares funcionana como colectivos y van seguidos generalmente de un verbo en plural (ej.: The staff are on strike).

1 **Escribe el plural de los siguientes sustantivos.**

1. echo ➜ ....
2. goose ➜ ....
3. wolf ➜ ....
4. taco ➜ ....
5. mouse ➜ ....
6. leaf ➜ ....
7. sheep ➜ ....
8. foot ➜ ....
9. casino ➜ ....
10. wife ➜ ....
11. woman ➜ ....
12. potato ➜ ....

2 Traduce las siguientes frases.

1. La policía busca al asesino.

→ ....

2. ¡Tus pantalones son demasiado cortos!

→ ....

3. El metro es el medio de transporte más común en Madrid.

→ ....

4. No tiene ningún sentido de la ética.

→ ....

Errores frecuentes

Algunos sustantivos se declinan mal con mucha frecuencia. Apréndetelos de una vez por todas para no cometer más errores.

3 Corrige las siguientes traducciones entre paréntesis. Todas están mal.

1. aprobación
   → **(approbacy)** ....
2. llegada
   → **(arriving)** ....
3. negativa
   → **(refusement)** ....
4. aceptación
   → **(acceptment)** ....
5. intimidad
   → **(intimity)** ....
6. nostalgia
   → **(nostalgy)** ....
7. certeza
   → **(certaincy)** ....
8. cambio
   → **(changement)** ....
9. eficacia
   → **(efficacity)** ....
10. feminidad
    → **(feminity)** ....
11. donante
    → **(donator)** ....
12. explicación
    → **(explainacy)** ....

¿Contables o incontables?

- La mayoría de los sustantivos se pueden contar y por eso se les llama «contables» (ej.: one apple, two apples, etc.). Pero en inglés, hay muchos sustantivos incontables, que no se pueden contar. Se trata principalmente de materias y materiales (ej.: wood, cotton, glass), alimentos y productos (ej.: bread, tea, chicken), nociones abstractas (ej.: courage, love), sustantivos que tienen un sentido colectivo (ej.: hair, luggage) y sustantivos singulares que terminan en **s** (ej.: physics, news).
- Los incontables tienen las siguientes características: no se utilizan ni con un número ni con el artículo indefinido **a/an**; no se ponen en plural y van seguidos de un verbo en singular. Para hablar de una parte de un incontable, utilizaremos lo que se llama un partitivo como **a piece of, a kind of**, etc., o un cuantificador como **some**.

4 Corrige las siguientes frases. Todas tienen algún error.

1. Can you pass me the toasts, please? → ....
2. The pastas are overcooked. → ....
3. He's decided to go into politic. → ....
4. I bought all my furnitures at Ikea. → ....
5. The rubbish stink! → ....
6. The police accused him without any evidences.
   → ....

5 Coloca los siguientes partitivos con el incontable correspondiente.

slice – lump – strand – wink – puff – pinch – speck – blade – pair – game – piece

a .... of pizza
a .... of grass
a .... of hair
a .... of sleep
a .... of smoke
a .... of scissors
a .... of sugar
a .... of salt
a .... of chess
a .... of dust
a .... of information

Los cuantificadores

- *todo el/todos los:* **all the** + incontable (ej.: She's complaining all the time), **all (the)** + contable plural (ej.: All the candidates are brilliant) o **every** + contable singular (ej.: You should eat fruit every day)
- *mucho/un montón de:* **much** o **a lot of** + incontable (ej.: You had much/a lot of courage), **many/a lot of** + contable plural (ej.: He has read many/a lot of books) o **plenty of** + contable o incontable (ej.: You have plenty of time)
- cantidad no definida *(algo de)*: **some** + contable o incontable en forma afirmativa (ej.: Remember to buy some milk/potatoes), **any** + contable o incontable en las formas interrogativa y negativa (ej.: Would you like any sugar? / We don't have any chairs left)
- *algo, un poco de:* **a little** + incontable (ej.: I just need a little time) o **a few** + contable plural (ej.: The baby slept for a few hours)
- *un poco de:* **little** + incontable (ej.: There's little hope) o **few** + contable plural (ej.: Few people know several languages)
- *no, ningún:* **not any/no** + contable o incontable (ej.: She doesn't have any shame/family / She has no shame/family)

Existen otros cuantificadores como **all, the whole, both, the two, several, enough, half of, another, neither... nor**.

Ahora toca hacer algunos ejercicios para comprobar tus conocimientos.

6 Coloca el o los cuantificadores correctos en las siguientes frases.

enough TOO MANY the whole any several both

1. The so-called witness lied .... time.
2. I don't have .... money left to buy a new cellphone.
3. There are three chairs .... Take them away please.
4. Ian failed his exam .... times, three times if I remember well.
5. We don't have .... orange juice left. I'll go and get some.
6. **Just for fun:** "Men marry because they are tired; women because they are curious : .... are disappointed." Oscar Wilde.

Expresiones con verbos corrientes

Conocemos en general el primer significado de verbos corrientes como **get, mean, mind, keep, run, make, take**. Pero estos verbos se utilizan en muchas expresiones habituales, que también es importante conocer y aprender a utilizar.

7 **Completa las frases con *get, mean, mind, run* o *make* (conjugados en el tiempo adecuado).**

1. What do you .... by "it depends"?
2. I'm broke, I can't .... ends meet.
3. .... your language around the children!
4. Hurry up, we're .... out of time.
5. .... your own business!
6. I'm sorry that I hurt you, I didn't .... to.
7. It doesn't .... sense, it's totally stupid!
8. Thank you very much, it .... a lot to me.
9. Always .... sure that the back door is closed.
10. Could you .... me a bath, please?

8 **Completa las frases con *keep, get* o *take* (conjugados en el tiempo adecuado).**

1. Paul used to be bad at maths but he is .... better.
2. I'll wait as long as it ....
3. .... me posted!
4. It's no big deal, ... it easy!
5. You can see she's been sick, she's .... thinner.
6. .... your chin up! Things will get better.
7. He .... after his father.
8. The incident .... place in my street.

La grafía OU

La grafía **ou** se puede pronunciar **[au]** (ej.: count), **[o larga]** (ej.: course), **[u]** (ej.: youth), **[a] cerrada** (ej.: couple), **[ou]** (ej.: although), **[au+e cerrada]** (ej.: hour) o **[e cerrada]** (ej.: journey).

9 Localiza el intruso.

1. devour loud hour sour
2. double rough doubt trouble
3. OUCH AROUSE BLOUSE CALLOUS
4. cough sought essource four
5. group through youth coloured
6. enough soul touch courage

10 ¿Cómo se pronuncia la grafía OU en las siguientes palabras?

1. pour: [.......]
2. through: [.......]
3. mouse: [.......]
4. enormous: [.......]

El sonido [u]

Las siguientes grafías se pueden pronunciar **[u]**: **ew** (ej.: flew), **oo** (ej.: zoo), **ue** (ej.: blue), **ui** (ej.: fruit), **ou** (ej.: soup), **u** (ej.: flu), además de otros casos particulares que descubrirás en el ejercicio de la derecha.

11 Señala las palabras en las que no se escucha el sonido [u].

suit smug broom two sour
cocoon shrewd numb shoe pour
stew doorbell juice toe spoon
moor sue swoop floor flour
guinea sinew skull sluice who
biscuit askew blood clue rude
hour build canoe brew fool
true guide foul to soon chew

¡Enhorabuena, has llegado al final del capítulo 10! Es el momento de contabilizar los iconos y de apuntar el resultado en la página 128 para la evaluación final.

11

Los artículos

El artículo Ø

Lo ponemos delante de: los plurales que nombran una generalidad (ej.: I'm not scared of spiders), los incontables que expresan una idea general como **life, love, water, weather, energy, bread, wood, sand**, etc. (ej.: Love is complicated / Wood is used to make chairs), los nombres propios y los títulos oficiales (ej.: Queen Elizabeth), los nombres de países como **España, Germany, Brazil, Australia**, etc. (salvo: **The United Kingdom, the USA, the Netherlands, the Lebanon**, etc.), los lugares y nombres de instituciones consideradas no como lugares específicos sino por su función (ej.: school, prison, town, home, bed), los objetos numerados (ej.: room 60, route 66), las expresiones como **all night long, all day, all year**, delante de **last** y **next** (ej.: I'll change cars next year), los nombres de enfermedades/dolores (ej.: I have toothache), los nombres propios y los nombres geográficos (ej.: Harvey Street, Lake Michigan), los idiomas, los deportes y juegos, los días y las comidas (ej.: I speak Spanish / Danny plays tennis and chess / I skipped breakfast / My husband cooks on Sundays).

I Corrige los posibles artículos erróneos.

1. I need **an** .... advice.

2. He climbed **the** .... Mount Everest.

3. I work for **the** .... television.

4. We're having .... fantastic weather.

5. Do you still play **the** .... hockey?

6. As .... doctor, he is allowed to write .... prescriptions.

7. He had **the** .... choice and he chose **the** .... easy way out.

El artículo *the*

Lo utilizamos: para retomar un elemento ya mencionado (ej.: A man was looking at her (...), the man smiled), para hablar de entidades fácilmente deducibles o que forman parte de la experiencia de cada uno (ej.: Pass me the salt / the bus / the newspaper), con los nombres de elementos naturales como **the night, the weather, the sun, the sky,** con las formas de diversión como **the cinema, the radio** (salvo: **Ø television**), con los instrumentos musicales y las invenciones científicas (ej.: I've played the flute for 10 years / Most people use the internet every day), con algunos sitios geográficos/naturales (ej.: The Atlantic, The Channel).

Nota: con las partes del cuerpo, se utiliza el posesivo y no el artículo definido *(el/la)* como en español (ej.: I cut my finger).

El artículo *a*

Se utiliza principalmente delante de los sustantivos contables en singular: cuando el objeto del que se habla no es conocido o identificado (ej.: I need a glass of water → *no importa cuál, ninguno en particular*), delante de los sustantivos de oficios y de estatus (ej.: My mother was a florist), delante de algunas «características», como la religión (ej.: a Catholic, a vegetarian, a lesbian), después de una preposición, en algunas expresiones como **without** + sustantivo (ej.: Do not go out without a coat), en las frases exclamativas con un incontable introducidas por **what** (ej.: What a pity!), en algunas expresiones que hay que aprender de memoria como **be in a coma, make a fire, make a noise, have a headache, have a sense of humour**, con intensificadores como **such, too, quite** y **rather, as, half, how** (ej.: He's such a liar), con las unidades de tiempo y de medida (ej.: The tomatoes are 3 euros a kilo).

2 Completa las frases con *the, a* o *Ø*.

1. She's lived in .... Oregon for 20 years.

2. Where's the South? I have .... terrible sense of direction.

3. I admire .... courage, particularly .... courage he showed in this situation.

4. She plays .... guitar twice .... week.

5. She's not seriously ill after all, what .... relief!

6. Open your books to .... page 68.

7. **Just for fun:** "A woman without .... man is like a fish without .... bicycle." Gloria Steinem.

8. This dish is very spicy! Could you pass me .... water, please?

9. My grandmother was .... Protestant and she would go to .... church every Sunday.

10. My English friend, Claire, does not like .... tea but she likes .... wine!

11. What do you think of .... green tea I've bought?

12. She has .... very sensitive skin, she cannot stay in .... sun.

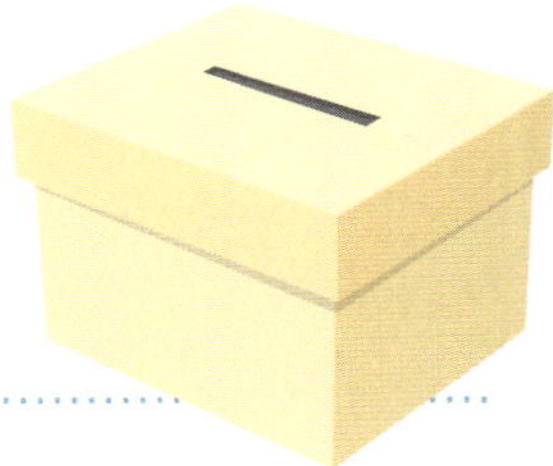

3 Traduce las siguientes frases.

1. El presidente Obama fue reelegido en 2012.

→ ....

2. Está muy contento de ser papá.

→ ....

3. Duncan siempre toma huevos en el desayuno.

→ ....

4. A los ingleses les gustan por lo general los vinos franceses.

→ ....

5. Voy al dentista la próxima semana.

→ ....

6. La operaron ayer. Todavía está en el hospital.

→ ....

Redactar una carta de presentación

Uno de estos días (si realizas seriamente los ejercicios de este cuaderno), podrás tener la ocasión de solicitar un empleo en inglés. Entrénate como el siguiente ejercicio.

4 Completa el siguiente e-mail de solicitud con la ayuda de las palabras propuestas.

forward · available · position · apply · manager

interview · résumé · worked · attachment · sincerely

products · move · quali-cations · increasing · candidate

Dear Sir/Madam,

I am writing to you to .... for the .... of sales .... I have .... as a sales manager in an international delicatessen chain store for 3 years now. In my current position I developed and launched new organic .... that have contributed to .... our sales by 10% over the last two years. It's now time for me to .... to another international luxury company like The Golden Lion. I think my ...., credentials and experience make me an excellent .... I am .... anytime for an ....

Please find my .... as an ....

I am looking .... to hearing from you soon.

.... yours.

James Frost

Los antónimos

Los antónimos son palabras que tienen un significado contrario. Como la naturaleza hace bien las cosas, recordamos mejor las palabras cuando las aprendemos por parejas. ¡No tienes más excusas! It's as easy as ABC!

5 Encuentra el antónimo de las siguientes palabras.

1. admit: **devisedeafendenyderidedespise**
   ➜ ....
2. for: **abroadseldomagainstalmost**
   ➜ ....
3. together: **ajaralikeapartafreshafloat**
   ➜ ....
4. asleep: **aheadafarawakeakimboaloof**
   ➜ ....
5. praise: **blazeblareblamebleakblendblink**
   ➜ ....
6. sweet: **barrenbawdybitterbereftbeserk**
   ➜ ....
7. borrow: **limpleanlootlisplendloiter**
   ➜ ....
8. narrow: **bentbalmybanefulbroadbasic**
   ➜ ....

6 Encuentra el antónimo de las siguientes palabras en la sopa de letras.

1. stupid
2. shallow
3. foolish
4. humble
5. full
6. succeed
7. innocent
8. healthy
9. fake
10. sorrow

A	O	N	J	O	I	Z	U	A	W
S	P	E	O	V	O	M	A	L	I
I	A	M	Y	F	A	I	L	U	S
C	D	P	J	B	R	O	F	A	E
K	E	T	D	E	Q	O	X	I	T
O	E	Y	C	L	E	V	E	R	A
I	P	O	F	A	T	I	D	E	B
G	U	I	L	T	Y	D	I	A	L
P	P	R	O	U	D	I	S	L	O
K	U	N	E	P	A	T	I	C	S

7 Encuentra el antónimo de las siguientes palabras.

1. leader: **F** _ _ _ _ _ **E R**
2. loose: **T** _ **G** _ _
3. quiet: _ _ **U D**
4. strong: **W** _ **A** _
5. appear: **V** _ **N** _ _ **H**
6. foolishness: **W I** _ _ _ **M**

Los esquemas entonativos (1/2)

En inglés, hay varios esquemas entonativos de frase. Por ahora, contentémonos con los 2 esquemas básicos: la entonación ascendente **(rise)** y la entonación descendente **(fall)**. La entonación es ascendente para las preguntas cerradas (las que se responden con **yes/no**). Es descendente para las frases en imperativo y las preguntas **wh- (why, where, who, what, when, which)** (cuidado con no ascender porque sea una pregunta, reflejo típico del español). Y, por último, para las enumeraciones, la entonación será **rise, rise, rise, (...) fall**.

8 Indica la entonación que requieren las siguientes frases.

1. Have you had dinner yet?
2. Flour, eggs, sugar, milk, butter, apples and vanilla.
3. Why are you so angry with me?
4. Are you sure there's no risk?
5. What are you doing tonight?
6. John, stop bothering your sister now!

Los esquemas entonativos (2/2)

Como acabamos de ver, la entonación depende de la naturaleza gramatical de la frase. Pero también depende de la intención del locutor.

- Se utiliza la entonación descendente **(fall)** para: los hechos, las informaciones neutras y en las **question tags** cuando se piensa que el interlocutor está de acuerdo.
- Se utiliza la entonación ascendente **(rise)** para: mostrarse educado, tranquilizar, reconfortar y manifestar simpatía o mostrar sorpresa, en las **question tags** cuando se piensa que el interlocutor no va a estar forzosamente de acuerdo. Con una entonación montante, se da la idea de que el debate no está cerrado, de que existe una apertura al diálogo.

9 Señala la flecha que corresponde con la entonación correcta en las siguientes frases.

1. Don't worry Sweetie, I'm sure it's going to be alright. ↓ ↑
2. My sister has four children. ↓ ↑
3. You made this cake? I can't believe it! ↓ ↑
4. Duncan is such a know-it-all, isn't he? ↓ ↑
5. Kiwi birds live in New Zealand. ↓ ↑
6. I'm so sorry that you failed your exam. ↓ ↑
7. (I know!) It does look like rain, doesn't it? ↓ ↑
8. About 20% of people now suffer from allergies and asthma. ↓ ↑
9. She married your brother, really?! ↓ ↑
10. The train's leaving at 3:45. ↓ ↑

¡Enhorabuena, has llegado al final del capítulo 11! Es el momento de contabilizar los iconos y de apuntar el resultado en la página 128 para la evaluación final.

12

Genitivo de los sustantivos compuestos

El genitivo

El genitivo relaciona dos sustantivos. Hay dos formas de hacerlo: **'s** y **the... of...**

- **1. El genitivo en 's**

Usos:

- Para indicar la posesión con seres animados como personas, nombres de personas, animales domésticos (ej.: my wife's boss, John's car, the dog's leg). **Nota:** para traducir *la casa de alguien*, *la oficina de alguien*, etc. (ej.: I'm going to the doctor's/to Anna's).
- Para indicar la posesión con ciertos inanimados como los sustantivos familiares de una sílaba como **book** o **shop** ej.: the book's cover / the shop's hours), los elementos personificables como los nombres de países, ciudades/calles/barrios, las instituciones (ej.: England's past, New York's team, Harlem's jazz bands, the government's decision), los nombres geográficos, etc. (ej.: the Seine's boats), las nociones abstractas (ej.: for love's sake).
- En expresiones que dan la idea de *«destinado a»* (ej.: children's books).
- Para evocar fechas y duraciones (ej.: last night's incident / a one week's holiday).
- Para expresar una distancia (ej.: a ten miles' walk).

Nota: Si el poseedor es un plural que termina en **s**, no se añadirá **'s** sino solo **'** (ej.: My neighbours' car is purple). Por el contrario los nombres propios o los sustantivos comunes que ya terminan en **s** como los plurales que no terminan en **s** añaden **'s** (ej.: Rufus's death / the crisis's cause / men's clothes)

- **2. El genitivo en the... of...**

Usos:

- En los casos en los que la **'s** no se puede utilizar para indicar la posesión porque el 2.° sustantivo es largo (ej.: The laptop of the colleague with the sunglasses).
- Con objetos inanimados (ej.: the colour of this fabric).
- Con los adjetivos sustantivados (ej.: the poor / the dumb).
- Para expresar la relación continente/contenido y parte/todo (ej.: a cup of tea / the last scene of the film).
- Para las funciones (ej.: the president of France / the queen of England).
- Si el 2.° sustantivo es una noción abstracta (ej.: the pursuit of love).

1 Forma los genitivos a partir de las palabras en negrita.

1. We don't know the **time-arrival** .... yet.
2. **Last year-holiday** .... was great!
3. I ran a **ten-miles-race** .... last month.
4. The **majority-employees** .... were late.
5. **Bourbon Street-restaurants** .... are usually crowded.
6. We're dining at **Paul** .... tonight.
7. The brail system was created for the **wellbeing-the blind** ....
8. The **boss-car** .... was vandalised.
9. The **Earth-surface** .... contains water and rock.
10. **Children-footwear** .... is generally very expensive.

2 Completa las siguientes traducciones.

1. La cola del gato está atascada en la puerta.

   → .... is stuck in the door.

2. La política de la prisión es muy clara sobre este punto.

   → .... is very clear on that point.

3. El CEO de esta empresa es mi vecino.

   → .... is my neighbour.

4. Este es el gato de la señora que vive arriba.

   → .... who lives upstairs from us.

5. El perro de los García ladra todo el tiempo.

   → .... is always barking!

Los sustantivos compuestos

El 2.º sustantivo califica al primero; puede precisrse su naturaleza o función (ej.: cotton pants, paper fastener, police officer). El 2.º sustantivo puede ser una parte del 1.º (ej.: a kitchen table / a coat zip). Los dos sustantivos o bien se unen, sobre todo cuando la expresión se realiza en lenguaje coloquial (ej.: sidewalk, pancake), o se unen con un guion (ej.: horse-race) o van separados (ej.: sleeping pill). Verbos, sustantivos, adverbios, preposiciones y adjetivos pueden entrar en la composición de los sustantivos compuestos (ej.: sunglasses, upbringing, know-how, dining-room, pinup, over-production, outlaw, gentleman, breakdown).

Nota: el 1.er sustantivo es invariable y no lleva nunca la marca del plural, salvo raras excepciones: **a clothes store, a customs office, a sales manager, a Trades union, a sports car**.

3 Une los siguientes sustantivos para formar sustantivos compuestos.

tea – data – rain – follow – apple – head – feed – jelly – under – passer – straw – sun – vacuum – finger – after – pepper – out – tooth – go – hair – news – get

1. .... base
2. ....-up
3. .... ache
4. .... back
5. .... noon
6. ....-by
7. .... berry
8. .... cleaner
9. .... print
10. .... ground
11. .... look
12. ....-together
13. .... paste
14. .... mint
15. .... pie
16. ....-between
17. .... cut
18. .... flower
19. .... paper
20. .... spoon
21. .... fish
22. .... coat

Traducir «hacer»: *make, do...* y otros

En español se utiliza mucho el verbo «hacer»: se *hace la compra*, se *hace la cama*, se *hace deporte*, etc. En inglés, encontraremos a veces **make**, a veces **do**, pero también otros verbos y expresiones. **Do** se emplea para expresar una actividad sin precisar su naturaleza (ej.: What did you do last night?) y para hablar de un trabajo (ej.: I usually do the cooking). **Make** se utiliza cuando hay una construcción, una creación de algo (ej.: I've made a cake / Let's make a plan). Algunas veces, como descubrirás al realizar el siguiente ejercicio, encontraremos otro verbo diferente.

4 **Completa con el verbo adecuado, conjugado en el tiempo correcto.**

1. Billy, you look awful, you could at least .... your hair!

2. My grandmother would .... jam in the summer.

3. She should not wear brown, it .... really old on her.

4. It has nothing to .... with me, I was not even there.

5. Could you not .... an exception, just this time?

6. They look just the same to me, I can't .... the difference.

7. I'm going to .... dinner and then we'll .... the gardening.

8. Why are you so angry? What did I .... wrong?

Conectores (conjunciones y adverbios)

¿Qué tienen en común palabras como **if, because, so, however, unless, but, unlike**? Son las que llamamos *«palabras de unión»* (o conectores lógicos). Estos adverbios o conjunciones sirven para establecer un lugar lógico en las frases (causa, consecuencia, concesión, etc.). Atención a la confusión más habitual: **despite** e **in spite of** van seguidos de un sustantivo (ej.: Despite/in spite of the strikes, I was able to catch my flight) mientras que **although** va seguido de una oración verbal (ej.: Although my father was a doctor, he never cured his own allergies).

5 Relaciona cada inicio de frase con el final correspondiente.

1. He just walked on •
2. She is a vegan, •
3. I did the shopping and cooked dinner •
4. Unless mentioned otherwise, •
5. I'm too tired to go out tonight. •
6. I love R'nB, •

• **a.** all participants must fill in the subscription form.
• **b.** whereas you hate it.
• **c.** that is to say she doesn't consume animal products.
• **d.** Besides, I'm broke.
• **e.** as if he had not seen me.
• **f.** as well.

6 Completa las siguientes frases con la ayuda de la expresión adecuada.

on the other hand — on the contrary — and — as long as — on the one hand — in spite of

1. .... I agree that he is still young, ... you need to help him become independent.
2. .... everything that he did to her, she still loves him.
3. I'm not mad at you at all. ...., I'm rather proud of you.
4. I don't mind lending you a few bucks, ... you pay me back.
5. You look exhausted, try .... get some sleep.

7 Ordena las letras para formar palabras de unión y después colócalas en el lugar adecuado.

ENIKUL – VESTHESLENER – FACTIN – TYE – TESIDPE

1. .... her sister, Sasha is very nice.
2. Strange, ... true.
3. Things are getting better, ... many families are still living below the poverty line.
4. I.T. appliances are affordable nowadays. ...., most families now have at least one computer.
5. .... the rain, the barbecue was a success.

El acento de la frase

Todas las frases contienen uno o más acentos de frase, es decir que una o más palabras se acentúan. Estos acentos dan ritmo a la frase. Las palabras puramente «funcionales», que sirven para la corrección sintáctica y gramatical de la frase, no se acentúan: los pronombres **(she, you)**, preposiciones **(at, in, on)**, artículos **(the, an, a)**, conjunciones **(but, however, so, because)** y los verbos auxiliares **(can, do, be, have, must)**. Las palabras acentuadas son las palabras clave, las que llevan la información: verbos principales, sustantivos, adejetivos, adverbios y auxiliares en la forma negativa **(can't, don't, isn't...)**. **Be** como verbo generalmente tampoco se acentúa, aunque sea una palabra clave.

Así, en la frase **The <u>neighbour</u>'s <u>cat</u> is in our <u>garden</u>**, las palabras clave son: **neighbour, cat** y **garden** y, en consecuencia, van acentuadas. Las palabras **the, 's, is, in** y **our** se pronuncian más rápido y en un tono más bajo.

8 **Señala las palabras que van acentuadas en las siguientes frases (atención, puede haber una trampa).**

1. I left my umbrella in the Tube this morning.
2. Peter lives close to the station now.
3. Would you like a muffin with your tea?
4. I'm not sure what time he said he would arrive.
5. How much did you pay for this new laptop?
6. You didn't tell me that you had a job interview.
7. No, I didn't say it was me, I said it was him.
8. I told you, I'm not going to the party tonight!

¡Enhorabuena, has llegado al final del capítulo 12! Es el momento de contabilizar los iconos y de apuntar el resultado en la página 128 para la evaluación final.

13

Pronombres personales y reflexivos

Repaso de los pronombres personales

- Pronombres personales sujeto: **I, you, he, she, it, we, you, they** (ej.: She works in a sushi bar).
- Pronombres personales complemento: **me, you, him, her, it, us, you, them** (ej.: Thank you for helping me).
- Adjetivos posesivos: **my, your, his, her, its, our, your, their** (ej.: Can I drive your car?). **Recuerda:** en inglés se utiliza el adjetivo posesivo y no el artículo **the** cuando se menciona una parte del cuerpo (ej.: I broke **my** leg = *Me he roto* ***la*** *pierna*).
- Pronombres posesivos: **mine, yours, his, hers, Ø, ours, yours, theirs** (ej.: If it's not your glass, I guess it's mine).

1 Completa las siguientes frases con la ayuda del pronombre o del adjetivo posesivo adecuado.

1. That cat lost .... collar in the bushes.
2. We're going out tonight, will you come with ....?
3. It's not her husband's car, it's ....
4. They did not mean to hurt you, you should forgive ....
5. The King has bought a new ship. .... is called *Peace*.

Los pronombres reflexivos y recíprocos

Los **pronombres recíprocos** son: **one another** y **each other** *(el uno al otro)*. Sirven para expresar las relaciones de reciprocidad entre varios elementos. Se utiliza **one another** si hay más de 2 elementos (ej.: The three men competed with one another) y **each other** si hay solo 2 elementos (ej.: The two cousins hate each other).

Los **pronombres reflexivos** son: **myself, yourself, himself, herself, ourselves, yourselves, themselves**. Sirven para traducir el *«se»* de los verbos pronominales españoles (ej.: She stopped and looked at herself in the mirror) o *«sí mismo»* (ej.: I made this pizza myself / He will never forgive himself). Memoriza la expresión **(all) by** + pronombre reflexivo que significa *«solo(a)»* (ej.: She's (all) by herself now that her husband has left).

Nota: muchos verbos pronominales en español no lo son en inglés. Estos verbos, como **to hide, to fight**, etc., no se construyen con un pronombre recíproco o reflexivo, pero tienen el mismo significado (ej.: The children hid behind the couch). Numerosos verbos pronominales franceses se traducen por **get** + adjetivo o participio pasado en inglés (ej.: to get married).

2 **Corrige los posibles pronombres erróneos en las siguientes frases.**

1. She still blames herself for the accident. → ……………………………………
2. Sean and Chloe laughed with one another. → ……………………………………
3. You're tired, you should rest yourself. → ……………………………………
4. This project developed itself well. → ……………………………………
5. He shaves himself in the morning. → ……………………………………
6. They are separated but still love each other. → ……………………………………

El caso de los verbos reversibles

Los verbos reversibles tienen una doble construcción: pasiva y activa. Así, el sujeto de un verbo reversible también puede ser agente activo (ej.: He shut the door = *Él cerró la puerta* / The door shut = *La puerta se cerró*).

3 **Entre todos estos verbos, reversibles o no, encuentra los que necesitas para traducir las siguienes frases (y no te olvides de conjugarlos).**

to wonder · to get dressed · to realise · to meet · to get late · to wake up · to get rid of · to worry · to wash · to happen · to expect · to stop · to use · to get bored · to get up · get used to · to go to bed · to notice

1. Se está haciendo tarde tarde. → ……………………………………
2. Los niños se aburrieron. → ……………………………………
3. El incidente se desarrolló en mi calle. → ……………………………………
4. ¿Qué se esperaba de él? → ……………………………………
5. Me he dado cuenta de que me había olvidado las llaves.

   → ……………………………………
6. Me voy a deshacer de mi viejo sofá. → ……………………………………
7. Se conocieron en Venecia. → ……………………………………

4 Traduce las siguientes frases.

1. Esta camisa se lava bien.

   → ....

2. Este pan se conserva (bien) una semana.

   → ....

3. El trabajo se termina a las 6.

   → ....

4. Este libro se lee rápido.

   → ....

5. Este coche se vende bien.

   → ....

6. El jarrón se rompió.

   → ....

Expresiones con animales

En inglés, los *«ecologistas»* son los **environmentalists**, *«ecológico»* se dice **eco-friendly**. Quizás conozcas **user-friendly**, que significa *«de fácil manejo» / «fácil de usar»*, que se utiliza sobre todo en el terreno de la informática. Anyway... no todo el mundo se suma al movimiento verde. El actor americano Dennis Miller dijo irónicamente: "We're not allowed to do anything to nature anymore, except look at it. It's like porn with leaves". Ecológico o no, ahora te toca a ti.

5 Completa las siguientes expresiones colocando los nombres de animales en el lugar correcto.

camel monkey BIRD horse leopard

1. I'm absolutely sure about it. I heard it straight from the ....'s mouth.
2. Enough is enough! That's the straw that breaks the ....'s back!
3. Patrick will never change. A .... can't change its spots.
4. His wife always gets up at 5. She's an early ....
5. You can't trust him, he's always been in .... business anyway.

6 Señala el significado o la traducción correcta.

1. **very easy:**

→ ☐ **a.** as easy as duck soup
☐ **b.** as easy as duck pie
☐ **c.** as easy as duck stew

2. **me lo ha dicho un pajarito:**

→ ☐ **a.** a pigeon told me
☐ **b.** a little bird told me
☐ **c.** the seagull told me

3. **una presa fácil**

→ ☐ **a.** a sitting crow
☐ **b.** a sitting duck
☐ **c.** a sitting pigeon

4. **to talk frankly:**

→ ☐ **a.** talk chicken
☐ **b.** talk pony
☐ **c.** talk turkey

7 *Hidden words* – Encuentra la traducción de las siguientes palabras en la sopa de letras.

1. campo
2. charco
3. seto
4. barro
5. malas hierbas
6. hiedra
7. huerto
8. hierba
9. sendero
10. ramita
11. raíz
12. arbusto
13. roble
14. paja
15. pastor
16. molino
17. trigo
18. insecto

I	G	R	A	S	S	U	S	B	E	I	M
S	L	U	G	H	A	W	H	E	A	T	U
O	W	L	T	E	U	H	P	A	M	A	D
F	N	A	W	P	C	O	U	N	T	R	Y
O	E	H	I	H	E	R	D	U	O	O	M
O	T	E	G	E	F	C	D	M	A	O	C
T	T	D	A	R	L	H	L	I	D	T	A
P	L	G	B	D	Y	A	E	L	S	I	W
A	E	E	O	A	K	R	O	L	B	E	E
T	P	L	U	M	S	D	B	U	S	H	E
H	A	S	T	R	A	W	U	B	A	U	D
W	O	R	M	A	N	T	G	I	V	Y	S

8 En cada una de las siguientes formas, encuentra todas las letras necesarias para formas las palabras que se piden.

1. amapola, ortiga, cardo

→ ....

....

....

1

2

2. carretilla, pala, escalera

→ ....

....

....

3. mosquito, mariposa, oruga

→ ....

....

....

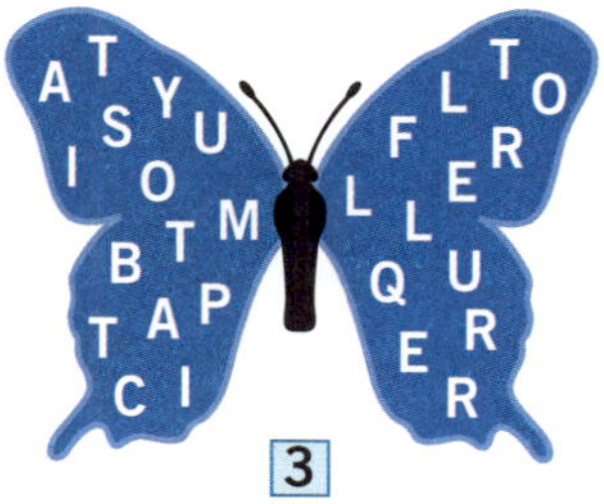

3

9 **Completa las frases con ayuda del color adecuado.**

1. He was stealing money and was caught ....**-handed**.
2. My new colleague is rather ...., he does not have much experience.
3. Something that happens unexpectedly happens **out of the** ....
4. I slept like a baby last night, I'm **in the** .... **of condition**.

Expresiones con colores

La expresión **to show your true colours** significa *«mostrar su verdadera cara»*. Ahora, revisa los colores y **show your mettle** *(demuestra lo que vales)*.

5. C'est l'hôpital qui se moque de la charité = It's **the pot calling the kettle** ....
6. **A** .... **lie** is a small lie told to be polite or to avoid hurting someone's feelings.

El acento tónico de palabra (1/2)

Ahora ya sabes que en todas las frases hay algunas palabras que se acentúan. Ahora lo que importa es saber sobre qué sílaba se acentúan dichas palabras. Para ello, necesitamos referirnos al acento tónico. En los diccionarios, el acento tónico está presente por un apóstrofe delante de la sílaba acentuada. Para mayor claridad, nosotros señalaremos en negrita la sílaba. Esta sílaba acentuada se pronuncia con más intensidad (más larga y más fuerte). Por ejemplo, en la palabra **banana**, se escuchará más la segunda sílaba y lo señalaremos así a'**na**na. La acentuación se aprende de manera intuitiva mediante una exposición habitual al idioma (radio, series, películas en versión original, etc.). Pero ten en cuenta que no es arbitraria, que hay algunas reglas a tener en cuenta.

- **1. Acentuación de las palabras de 1 o 2 sílabas:**

– **1 sílaba:** las palabras de una sílaba se acentuarán si no son auxiliares, artículos o preposiciones (ej.: My **'dog** is **'black** and **'white**). Observa que se cuentan las sílabas pronunciadas y no las escritas (ej.: la palabra **white** solo cuenta como una sílaba). Observa también que es la vocal de la sílaba la que lleva el acento.

– **2 sílabas:** si no llevan sufijo, generalmente se acentúan sobre la 1.ª sílaba (ej.: **'bo**ttle, **'so**fa, **'flo**wer). Si la primera sílaba es un prefijo, el acento caerá sobre la segunda (ej.: un**'clear**, dis**'trust**). Hay algunas excepciones que tendrás la ocasión de descubir al hacer los siguientes ejercicios. El acento caerá sobre la segunda sílaba si esta contiene las grafías **aa, ee, ese, ette, eer, oo, ade** (ej.: ca**'reer**, ta**'boo**).

10 Clasifica las siguientes palabras en la tabla según la acentuación que se les ha atribuido.

'**a**gain • Chi'**nese** • ex'**tent** • a'**wake** • '**un**real • '**k**ettle • '**cu**pboard • shu'**ttle** • '**wa**ter • '**li**ttle • '**Bur**mese • le'**mon** • '**He**llo • Ju'**ly** • '**e**nough • bu'**tter** • '**ket**chup • '**ca**bbage • '**for**get • a'**broad** • '**ac**tor • co'**lleague** • '**in**come • '**cru**sade • '**ba**zaar • ba'**lloon** • fa'**keer** • '**ci**garette • wea'**ther** • a'**cross** • '**kid**ney

Correctamente acentuadas	Mal acentuadas

11 Pon el acento tónico sobre las sílabas adecuadas.

1. The new trainee is on the phone.
2. I went to the laundrette's this morning.
3. Her husband was a doctor.
4. Our neighbour has been in the army for twenty years.
5. I told you it was a bad idea.
6. I bought apples at the market.

¡Enhorabuena, has llegado al final del capítulo 13! Es el momento de contabilizar los iconos y de apuntar el resultado en la página 128 para la evaluación final.

14
Adjetivos calificativos

Repaso

Los adjetivos calificativos son invariables. Por tanto no añaden una **s** en plural. Pueden colocarse delante del sustantivo, en posición de epíteto (ej.: a blue pen) o detrás del sustantivo, en posición de atributo (ej.: This tea is hot). Se colocan detrás del sustantivo si este va seguido de un complemento (ej.: This tea is flavoured with lemon), detrás de los verbos de estado y de percepción como **be, become, get, remain, seem, stay, feel, hear, look, taste, see, smell, sound** (ej.: He looks nice / It tastes nasty) y detrás de las palabras que contienen **any, no, some** (ej.: Do you need anything special?).

- **Casos particulares:**

Algunos adjetivos solo se pueden colocar delante del sustantivo: algunos adjetivos que terminan en **-en** (ej.: drunken), los adjetivos de frecuencia (ej.: monthly) y algunos otros (ej.: former, utter). Otros por el contrario solo se pueden colocar detrás del sustantivo: los que comienzan por la letra **a** (ej.: afraid, alive, alone, asleep, awake, ashamed), los adjetivos acabados en **-able** e **-ible** (ej.: affordable, feasible) y algunos otros (ej.: well, ill, glad, drunk).

Nota: delante de los adjetivos en **a-**, no se puede utilizar el intensificador **very**.

1 Corrige las frases erróneas.

1. I won't flirt with drunk someone. ➜ ....
2. She loves handmade wooden toys. ➜ ....
3. The ajar door was creaking. ➜ ....
4. This is a weekly publication. ➜ ....
5. The afraid child began to cry. ➜ ....
6. My sister has been ill for weeks. ➜ ....
7. Ask the most possible people. ➜ ....
8. The glad student kept smiling. ➜ ....
9. This road is main. ➜ ....

2 Señala el intensificador correcto.

1. It's past midnight and the children are still **all – quite – wide** awake!

2. He's been **all – quite – sound** alone since his divorce.

3. My neighbour's been **all – quite – wide** afraid since her flat was burgled.

4. The baby is **quite – wide – sound** asleep.

Orden de los adjetivos

Cuando la frase presenta varios adjetivos, se clasifican desde los más subjetivos a los más objetivos (cuanto más objetivo es el adjetivo, más cerca está del sustantivo): opinión, tamaño, edad, forma, color, origen, material, función/meta + sustantivo (ej.: an amazing red Italian sports car / a comfortable white leather sofa). **Nota:** si hay varios adjetivos de la misma categoría, se les clasifica del más corto al más largo (ej.: a long, enormous car).

3 Escribe los adjetivos de cada frase en el orden correcto.

1. My neighbour is a **Irish plain older small** .... man.

2. There was a **round disgusting grey big** .... worm in the salad!

3. Paul's wife bought a **black new Italian elegant velvet** .... coat.

4. Jodie's mother gave her a **wooden square expensive brown beautiful big ancient** .... jewellery box.

Los adjetivos compuestos (1/2)

Son los adjetivos formados a partir de varios elementos. Para comprender su significado, hay que remontar hacia la izquierda partiendo del sustantivo (ej.: a narrow-minded lady = *una señora de mente estrecha*).

Hay 5 grandes tipos de formación:

- **1.** El segundo elemento puede ser un adjetivo, para traducir «que es»:
  - sustantivo + adjetivo (ej.: coal-black hair)
  - adjetivo + adjetivo (ej.: dark-black hair)

.../...

Los adjetivos compuestos (2/2)

- **2.** El primer elemento es un adjetivo, el segundo es un sustantivo + **ed**, para expresar «que tiene tal característica» (ej.: a long-nosed man)
- **3.** El segundo elemento es un participio pasado, el compuesto toma entonces un sentido pasivo:
  – sustantivo + participio pasado (ej.: a home-made cake)
  – adjetivo + participio pasado (ej.: a small-faced woman)
  – adverbio + participio pasado (ej.: well-deserved success)
- **4.** El segundo elemento es un verbo en **-ing**, el compuesto toma entonces un sentido activo:
  – sustantivo + participio presente (ej.: a fat losing diet)
  – adjetivo + participio presente (ej.: a slow-moving insect)
  – adverbio + participio presente (ej.: almost-melting toffee)
- **5.** El segundo elemento es un número/cifra, el compuesto toma entonces un sentido de «que tiene x de alguna cosa». En estas expresiones, el sustantivo permanece invariable (ej.: There are 10 dishes on the menu ➜ This is a ten dish menu).

4 Coloca los siguientes elementos para formar los adjetivos compuestos necesarios.

stricken self tempered hot DEEPLY

1. ....-rooted ideas are hard to kick.
2. Her husband is short-.............., he has anger issues.
3. Ouch! The soup is boiling ....!
4. Everything has to be about him! He's so ....-centred!
5. She is grief-.............., her husband has just died.

5 Encuentra el adjetivo compuesto que permita reformular los siguientes enunciados.

1. Something that lasts a long time
   ➜ something ....-..............
2. A crime related to drug
   ➜ a ....- .... crime.
3. A detergent used for all purposes
   ➜ an ....-.............. detergent.
4. A man with long legs
   ➜ a ....- .... man.
5. A child who is more dexterous with his left hand
   ➜ a..............-.............. child.

6 Completa la traducción de los siguientes adjetivos compuestos.

1. poco entusiasmado → half-..............
2. Un libro de 200 páginas → a .... book
3. hecho a mano → hand..............
4. de manga corta → ....-sleeved
5. muy valorado → ....-rated
6. fácil de tratar → easy-..............
7. suave como el terciopelo → velvet ....
8. global → ....-embracing

Adjetivos... *again!*

Conocer el funcionamiento de los adjetivos es un buen punto de partida, pero también es necesario conocer un buen número de ellos para ser capaz de mantener conversaciones interesantes y expresarse con matices y sutilezas. Down to work!

7 Señala la traducción correcta.

1. **Impresionante** → ☐ **a.** impressant ☐ **b.** impressing ☐ **c.** impressive
2. **Insolente** → ☐ **a.** cheeky ☐ **b.** touchy ☐ **c.** cowardly
3. **Condescendiente** → ☐ **a.** cautious ☐ **b.** annoying ☐ **c.** patronising
4. **Reacio** → ☐ **a.** reluctant ☐ **b.** reticent ☐ **c.** relieved
5. **Superficial** → ☐ **a.** wise ☐ **b.** shallow ☐ **c.** witty

8 Localiza el intruso.

1. narrow-minded cautious prejudiced intolerant
2. CHEERFUL DESPERATE HOPELESS DOWN DEPRESSED MISERABLE
3. courageous brave boring bold daring
4. rude noisy coarse abusive loud callous sympathetic

9 Une correctamente las sílabas para formar la traducción de las siguientes palabras.

able guil sensi wi ty asto

se grum sensi nished ted

py la gif reli zy tive ble

1. sabio: ....
2. gruñón: ....
3. perezoso: ....
4. dotado: ....
5. confiable: ....
6. culpable: ....
7. sensato: ....
8. sensible: ....
9. asombrado: ....

10 Completa las frases con la ayuda de los siguientes adjetivos.

annoying touchy ungrateful relieved absent-minded

1. Don't be so ...., I was only joking!
2. Stop making a noise when you eat! That's so ....!
3. He didn't even thank me, after all I did for him. He's so ....
4. I was so .... to hear that your condition was not so serious after all.
5. My sister keeps forgetting things, she's so ....

11 Completa las tablas con la ayuda de las siguientes palabras.

hardworking – frightened – questionable – educated – fed up – famous – uncomfortable – decepcionado – despreocupado – encantado – irritado – entusiasta

1. English	carefree	delighted	....	keen (on)	....	....
2. Spanish	....	....	dudoso	....	famoso	educado

3. English	....	....	annoyed	....	....	disappointed
4. Spanish	harto	trabajador	....	asustado	incómodo	....

12 Las siguientes traducciones tienen errores. Corrígelas.

1. significativo → **significative** ....
2. talentoso → **talentuous** ....
3. obediente → **obeyant** ....
4. digno → **dignate** ....
5. precario → **precarative** ....
6. innovador → **innovatious** ....

El acento tónico de palabra – Acentuación de las palabras de 2 sílabas sin sufijo (2/2)

- **2. La acentuación de las palabras de 2 sílabas depende de su naturaleza:**

– Los verbos generalmente se acentúan sobre la 2.ª sílaba (ej.: to sur**'vi**ve, to di**'vo**rce). Los sustantivos y los adjetivos sobre la 1.ª sílaba (ej.: **'ta**ble, **'se**lfish). Por lo tanto, diremos por ejemplo to ob**'je**ct pero an **'ob**ject.

– Como de costumbre, hay excepciones a la regla que descubrirás al hacer los siguientes ejercicios. Así, los verbos que terminan en **-en, -er, -ish, -le, -ow, -y** llevan el acento en la 1.ª sílaba.

13 Encuentra los verbos que van acentuados en la primera sílaba.

1. to envy, to comfort, to pro-t, to protect, to support, to cancel, to avoid, to whistle
2. to offer, to accept, to alter, to agree, to complain, to suffer, to decide, to escape, to listen
3. to suppose, to answer, to enjoy, to afford, to relax, to receive, to damage, to enter, to assess

14 Localiza el intruso en cada línea.

1. to follow • to conclude • to worry • to finish
2. polite • honest • sincere • afraid • to record
3. to cover • asleep • a protest • to publish
4. an arcade • veneer • a rebel • a baboon

¡Enhorabuena, has llegado al final del capítulo 14! Es el momento de contabilizar los iconos y de apuntar el resultado en la página 128 para la evaluación final.

15 Pronombres relativos

Los pronombres relativos (1/3)

En español, los pronombres relativos son: *que, cual, quien, cuyo, donde...*

- Se emplea **who/whom** o **that** para reemplazar a una persona. **Who** es el pronombre sujeto (ej.: The lady who is laughing over there is my aunt) y **whom** el pronombre objeto, directo o indirecto (ej.: This is the neighbour with whom she went to the museum / The man whom/who I met is a salesman).
- Se utiliza **that** o **which** para reemplazar a una cosa (ej.: Give me the book that/which is over there). **That** se utiliza en estructuras con cuantificadores como *«todo lo que»* (ej.: It's all that I need). **That** no puede emplearse detrás de una preposición (ej.: The room in which I forgot my purse), ni en un inciso (ej.: My sister, who is a lawyer, could help you). **That** es un poco menos culto que **which** y se utiliza más en el lenguaje hablado. Su uso es más común en americano.

Nota: se puede no poner **who/whom, which** o **that**, , cuando se retoma un elemento que funciona como un complemento (ej.: the book (that) I read).

1 Completa estas frases con *that, which, who* o *whom.*

1. The man .... you saw yesterday is my new neighbour.
2. The chair on .... she sat broke.
3. Her husband, ... used to live in Provence, has a nice accent.
4. All .... you need to know is in this file.

Los pronombres relativos (2/3)

- *que*: **what** (ej.: Peter will tell us what to do)
- *el que, lo que*: **what** y **which** (ej.: I don't understand what he's saying / He failed his exam, which was unlikely)
- *donde*: **where** (ej.: I don't know where I can buy that item)
- *cuando*: **when** (ej.: He will tell us when his train arrives)

Nota: whatever = *lo que sea,* **whoever** = *quien sea*, **whenever** = *cuando sea*, **wherever** = *donde sea.*

2 **Elige entre los pronombres *what, which, where, when, whatever, whoever, whenever* o *wherever* para completar estas frases.**

1. I'm always happy to see you, you can come over .... you want.
2. She's a bit lost right now, she doesn't know .... to do.
3. They refused to sign the contract, ... was not really surprising.
4. Take your time and just tell us .... you're ready.
5. This is the roundabout .... I had an accident last year.

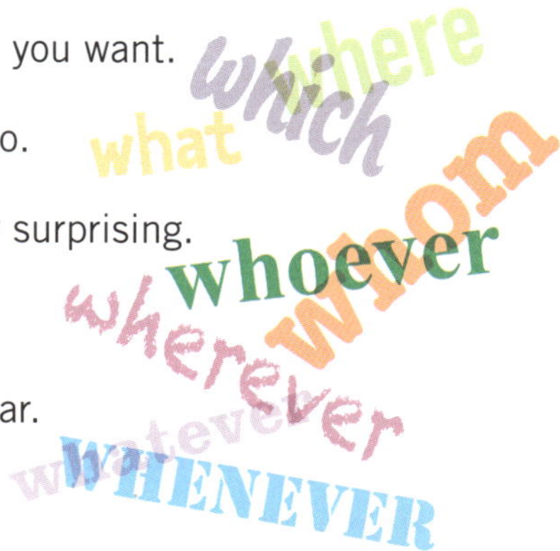

Los pronombres relativos (3/3)

- *«Cuyo»* se traducirá por **whose** si existe un vínculo de posesión (ej.: This is the guy whose dog bit me).
- *«La, lo cual / El, la, lo que»* se traduce por **what** al principio de frase y por **which** en los demás casos (ej.: What I need / He was late, which I expected). Pero en muchos casos donde la frase contiene una posposición, no se utilizará ningún pronombre relativo; la posposición simplemente se colocará al final de la frase (ej.: She is in love with this man ➜ This is the man she is in love with = *Este es el hombre del que ella está enamorada*).

Nota: en algunos casos, el inglés preferirá simplemente una estructura con **with** (ej.: the car with the flat tyre = *coche cuya rueda está reventada*).

3 **Traduce los siguientes enunciados.**

1. La prisión de la que él escapó. ➜ ....
2. La mujer cuya hija es famosa. ➜ ....
3. El accidente del cual es responsable. ➜ ....
4. El crimen del que él es culpable. ➜ ....
5. El jersey cuyos botones son dorados. ➜ ....

Los pronombres interrogativos

Los pronombres interrogativos son: **who** = *quién* (ej.: Who told you that?), **what** = *qué, cuál* (ej.: What do you think will happen?), **which** = *Icuál, qué* (ej.: Which flavour do you want: chocolate or vanilla?), **where** = *dónde* (ej.: Where did you go?), **when** = *cuándo* (ej.: When are you going on holiday?), **why** = *por qué* (ej.: Why is she crying?), **whose** = *de quién* (ej.: Whose coat is this?), **how** = *cómo* (ej.: How are you feeling?).

Se utiliza **how** para formar: **how long** = *cuánto tiempo* (ej.: How long will you be staying with us?), **how much/many** = *cuánto* (ej.: How much money do you need?), **how often** = *con qué frecuencia* (ej.: How often do you go to the restaurant?), **how soon** = *cuán pronto* (ej.: How soon can you repair my car?), **how far** = *a qué distancia* (ej.: How far do you live from Paris?).

4 Haz la pregunta que permita obtener como respuesta lo que está en negrita.

1. I usually go to the restaurant **twice a week**.

→ ....

2. I was born **on the 18th of April**.

→ ....

3. I've been a teacher **for 20 years**.

→ ....

4. I prefer **the blue dress**. The green one is too long.

→ ....

5. I can be there **at 8 pm**.

→ ....

6. I don't know but **it's not mine**. My umbrella's black.

→ ....

Reservar una habitación de hotel

Alice Cooper declaró: "Drinking beer is easy. Trashing your hotel room is easy. But being a Christian, that's a tough call. That's rebellion". Fair enough. Pero antes de destrozar tu habitación de hotel como una estrella de rock, hay que aprender a reservarla. ¡Cada cosa a su tiempo!

5 Coloca las siguientes palabras en el lugar correcto en el diálogo.

arrival — available — breakfast — per — staying — left — book — noise — air-conditioned — shower — view — nights — single — ·oor — lift

Receptionist: – Wisteria Hotels, good morning. How can I help you?

Customer: – Good morning. I'd like to .... a room, please.

Receptionist: – Sure. What will be your date of ...., Sir?

Customer: – On the 15th.

Receptionist: – How many .... will you be ....?

Customer: – Four.

Receptionist: – Do you need a .... or a double room, Sir?

Customer: – A double, please.

Receptionist: – Bath?

Customer: – No, ... please. Is it possible to have a room with a .... on to the garden and not the road, please? My wife is very sensitive to the ....

Receptionist: – I need to check if we still have rooms .... Yes there's one ...., if you don't mind being on the 6th ....

Customer: – No, as long as you have a .... It's often very hot in the region, are the rooms ....?

Receptionist: – Yes, they are Sir. Will you have ....?

Customer: – Yes, we will.

Receptionist: – OK, so that will be 95 pounds .... night.

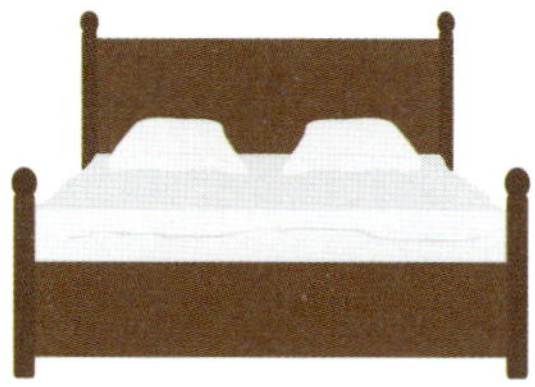

Customer: – All right.

Receptionist: – What name should I make the reservation under?

Customer: – Mr and Mrs Eagleton.

Receptionist: – Okay, let me sum up: Mr and Mrs Eagleton, a double room with shower from the 15th to the 20th, so 4 nights, with breakfast. Is that correct?

Customer: – That's it. Thank you very much.

Receptionist: – Thanks for choosing Wisteria Hotels, see you soon. Goodbye.

Customer: – Goodbye.

Anglicismos

Un anglicismo es un préstamo de la lengua inglesa. Los utilizamos a diario. Cuando copiamos palabras como **deadline** o **prime time**, no nos representa un problema, aunque la elección pueda ser discutible. No obstante, a veces utilizamos palabras que suenan inglesas pero que en realidad son invenciones o malas adaptaciones. Descubre las más frecuentes en el ejercicio de la derecha.

6 Traduce las siguientes frases.

1. Me pasé toda la tarde haciendo zapping.

   → ....

2. A mi amigo le encanta hacer puenting.

   → ....

3. Prefiero hacer footing por la mañana.

   → ....

4. Viajamos a Birghton en autostop.

   → ....

5. Mi suegra se hizo un lifting el verano pasado.

   → ....

6. ¿Podría darme el ticket de compra, por favor?

   → ....

Hobbies

¿Qué te gusta hacer durante tu **spare time** (tiempo libre)? ¿Tienes un **hobby**? ¿Sabrías responder en inglés si te hicieran estas preguntas? ¡Demuéstralo!

7 Coloca las siguientes palabras al lado de la pista.

darts
NOVEL
chess
hunting
swimming
kite
HIKING

1. You'll need wind. → ....
2. In the bull's eye → ....
3. Kings and Queens → ....
4. *David Copperfield*, for instance → ....
5. You'll need good ankle boots. → ....
6. Like a shark, if you can. → ....
7. Foxes for the English aristocrats → ....

Informática

Si utilizas a diario tu **PC (personal computer)**, seguro que de vez en cuando haces un **backup** para no perder la información, aunque no necesariamente conozcas todo el vocabulario de la informática. Comprueba lo que sabes con el ejercicio de la derecha.

8 Adivina las letras que falta para encontrar la traducción de las siguientes palabras.

1. fichero: _ _ _ E
2. datos: _ A _ A
3. programa: S _ _ T _ _ R _
4. actualizar: _ _ G R _ _ _
5. ordenador portátil: L _ _ _ O _
6. borrar/suprimir: D _ _ _ T _
7. alfombrilla del ratón: _ _ _ S E _ A _

Acentuación de las palabras con un sufijo neutro

Añadir los sufijos **-ist, -ism, -ish, -ed, -ing, -ly, -ment, -ness, -ful, -man, -able, -ship** no modifica la acentuación.

9 Señala la sílaba acentuada en las siguientes palabras.

1. novelist • silliness • winterish • surprised
2. banishment • dutiful • salesman
3. womanly • conformist • journalism
4. achievement • distracting • jealously
5. anxiously • merciful • lectureship
6. converted • escapable • carefulness

10 Corrige las palabras que estén mal acentuadas.

1. '**se**riously, pre'**vai**led, '**pu**nished, po'**wer**ful, '**gen**tleman, fi'**sher**man, re'**pla**ceable

   → ....

2. '**mem**bership, mo'**ra**list, de'**li**ghted, night'**ma**rish, a'**to**nement, ama'**zing**, '**vul**nerable

   → ....

3. for'**gi**veness, '**won**derful, '**in**teresting, '**en**dlessly, ac'**cep**table

   → ....

4. pi'**a**nist, es'**ca**pism, under'**stand**ing, '**for**givable, '**pu**nishment, aw'**kwar**dness

   → ....

¡Enhorabuena, has llegado al final del capítulo 15! Es el momento de contabilizar los iconos y de apuntar el resultado en la página 128 para la evaluación final.

16

Prefijos y sufijos

Prefijos y sufijos (1/3)

Se pueden formar muchas palabras añadiendo prefijos y sufijos a verbos, sustantivos y adjetivos (ej.: **dis**miss, **im**possible, brother**hood**, kind**ness**, friend**ship**, equa**lity**, sculpt**or**, **un**real, understand**able**, hope**ful**, use**less**, slow**ly**).

- **Principales prefijos: dis-** para formar un contrario a partir de un sustantivo o de un verbo (ej.: to disappear, a disgrace); **il-, im-, in-, ir-, un-** para formar un privativo a partir de un verbo o de un adjetivo (ej.: impossible, irrational, unclear, illegal, inequality); **mis-** para formar la idea de contrario, de error, de disfunción o de incidente a partir de un sustantivo o de un verbo (ej.: misguidance, to misunderstand); **under-**, añadido a un participio pasado o a un verbo para traducir *«des- / mal-»* (ej.: underestimated); **over-**, añadido a un participio pasado o a un verbo para expresar la idea de rebasamiento (ej.: to overeat); **self-**, añadido a un nombre, un verbo o un adjetivo para traducir *«auto-»* (ej.: self-inflicted).

1 **Completa las palabras con ayuda del prefijo que corresponda.**

1. Will you ....cork the bottle for me?
2. They are ....playing a very serious problem.
3. People were looking at him and he felt very ....-conscious.
4. He should apologise, that was very ....sensitive of him.
5. This meat is hard! It's .... cooked!
6. Let me explain, this is a .... understanding!
7. I don't trust her brother, he is ....honest.

Prefijos y sufijos (2/3)

- **Principales sufijos: -able** permite atribuir una cualidad, se forma a partir de un verbo (ej.: refutable); **-dom** permite crear una noción (abstracta) a partir de un sustantivo o de un adjetivo (ej.: freedom); **-er** permite nombrar a una persona que realiza una acción, se forma a partir de un sustantivo (ej.: singer); **-free** permite decir *«sin + sustantivo»*, se forma a partir de un sustantivo (ej.: gluten free); **-ful** permite expresar la idea de «cualidad presente», se forma a partir de un sustantivo (ej.: successful); **-hood** permite nombrar una condición o un estado, se forma a partir de un sustantivo (ej.: childhood).

2 Completa las palabras con ayuda del sufijo que corresponda.

1. Parent............ has made them more responsible.
2. The kill........... was finally arrested.
3. Yuck! This dish is so taste...........!
4. The terrorist was aiming at martyr.........
5. This Ming vase is invalu............
6. He is diabetic and eats sugar .... food only.

Prefijos y sufijos (3/3)

- **Principales sufijos (continuación): -ish** permite atenuar la cualidad que expresa un sustantivo, a veces para formar un adjetivo peyorativo (ej.: greenish, goodish); **-less** expresa la idea de *«sin tal cualidad»*, se forma a partir de un sustantivo (ej.: homeless, careless, helpless, childless); **-ly** permite formar un adverbio a partir de un adjetivo o un adjetivo a partir de un sustantivo (ej.: nicely, lovely, friendly); **-ness** ssirve para formar una idea abstracta a partir de un adjetivo (ej.: illness, happiness); **-ship** sirve para formar un sustantivo a partir de sustantivo (ej.: friendship) e **-y** permite formar un adjetivo a partir de un sustantivo (ej.: funny, angry).

3 Traduce las siguientes frases con ayuda de las palabras raíz dadas.

1. Falta de amabilidad **(kind)**: ....
2. Lechoso **(milk)**: ....
3. Hacia las 8 **(eight)**: ....
4. Ciudadanía **(citizen)**: ....
5. Descuidado **(care)**: ....
6. Cuidadosamente **(care)**: ....
7. Insoportable **(bear)**: ....
8. Infructuosamente **(success)**: ....
9. De manera ilegítima **(legitimate)**: ....
10. Juicio erróneo **(judgment)**: ....

4 Traduce las siguientes frases utilizando una de las palabras raíz dadas.

peace weak SPELL child able

1. Su esposa es discapacitada.
→ ....
2. Mis vecinos no tienen hijos.
→ ....
3. La vida es tan tranquila en este pueblo.
→ ....
4. Tengo debilidad por el chocolate.
→ ....
5. Has escrito mal mi nombre.
→ ....

Health and the body (2/2)

La humorista estadounidense Roseanne Barr dijo: "If God wanted me to touch my toes, he would have put them on my knees". Si no entiendes esta broma, ¡es urgente que revises el vocabulario del cuerpo humano!

5 Coloca las siguientes palabras en el lugar adecuado de este diálogo de una consulta médica.

chest • stroke • recover • wound • headache • lungs • tablets • prescription • injured • scar • blood • bruises • neck • ribs • back • throat

Doctor: – Good morning Sir. Have a seat. We haven't met before, have we?

Patient: – No, it's the first time I've come.

Doctor: – So, I suppose you're sick, aren't you? How can I help you?

Patient: – I'm on holiday in the region. I had a car accident yesterday and thought I had not been ...., I just had a few .... But this morning, when I woke up, my .... hurt when I turned my head, my .... too when I coughed and since this afternoon I have had this pain in my ...., I was afraid I was having a ....!

Doctor: – Ok, I'm going to check all of that. Could you please say "ah", I'll have a look at your .... first. Now, I'm going to check your .... pressure. Hum, it's correct. Do you have difficulty breathing? I'm going to check your ...., can you arch your .... and cough?

Patient: – Anything wrong?

Doctor: – Not that I can see. Do you have a ....?

Patient: – No, my head's fine.

Doctor: – Ok, I'm going to write you a .... for painkillers.

Patient: – Anything else?

Doctor: – Take two to three .... a day and you should .... in about a week. You should have been to the hospital to get a few stitches for that .... on your arm though. I think it's going to leave a ....

Patient: – Oh well, women are supposed to love them, aren't they?

Expresiones idiomáticas (3/3)

Hay muchas expresiones con cifras o números. Seguro que conoces esta **"to be in seventh heaven"**, que es igual que nuestra expresión española *«estar en el séptimo cielo»*. Pero, ¿conoces otras que son más idiomáticas?

one · fours · twice · eleventh · six · -rst · ten · -ve · two · a million

6 Coloca las palabras propuestas en el lugar adecuado.

1. A decision that is made at the last moment is made at the .... hour.
2. When you're back to where you started, you'll say you're back to square ....
3. To be the first to criticise or attack somebody is to cast the .... stone.
4. Means *"Tope là"* in English = give me ....!
5. To be in .... minds about something means to be undecided.
6. I feel like .... dollars means = I feel very well.
7. Babies walk on all .... before they can stand and walk properly.
8. To be .... feet under = to be dead and buried.
9. When something is very likely, it's .... to one.
10. To consider carefully whether one should do something or not is to think .... about it.

7 Ordena las letras para formar una frase coherente.

1. Men can grow a moustache or a **EDRAB** ....
2. As people grow older they usually get greying hair and a few **EWSNRLIK** .... on their faces. Men sometimes lose their hair and turn **DABL** ....
3. People who do not have good eyesight must wear **LSGASSE** .... or contact lenses.
4. You are **NIDLB** .... if you cannot see, **FEAD** .... if you cannot hear, and **MUDB** .... if you cannot speak.
5. When you cut your finger you need to cover it with a **SSGNIDER** ....

8 **Completa las frases con la palabra o grupo de palabras que mejor convenga.**

average | put on weight | skull | plump | brain | bone
go on a diet | ·gure | lips | hips | skin

1. The burglar was neither tall nor short. He was of .... size.
2. Samantha has always been slim. She has a very nice ....
3. Her son has .... a little .... He is not really fat but he's .... now. He should probably .... before it's too late.
4. She has very fair and sensitive .... She never goes in the sun.
5. My grandmother fell down the stairs and broke her hip ....
6. The head bone is called the .... and the soft organ inside it is the ....
7. This phrase is a reminder that losing weight is hard: A minute on the ...., a life time on the ....

9 **En los siguientes dibujos, dispones de todas las letras para formar la traducción de estos tríos de palabras.**

1. rodilla, codo, ventana de la nariz

→ ....

....

....

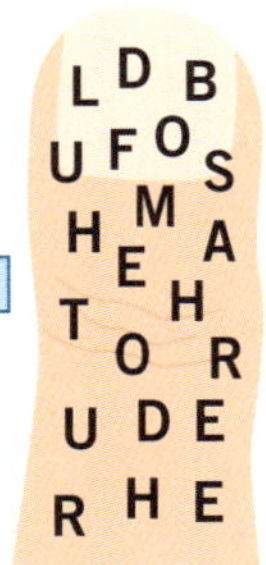

2

3. muñeca, mejilla, dedo del pie

→ ....

....

....

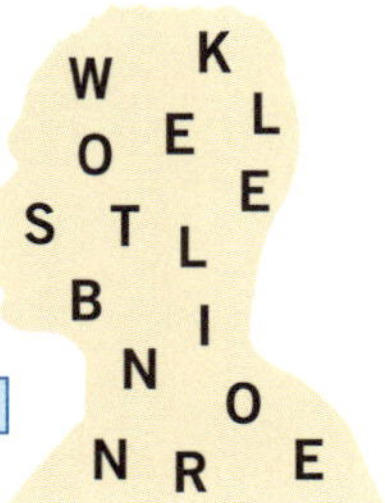

1

2. frente, hombro, pulgar

→ ....

....

....

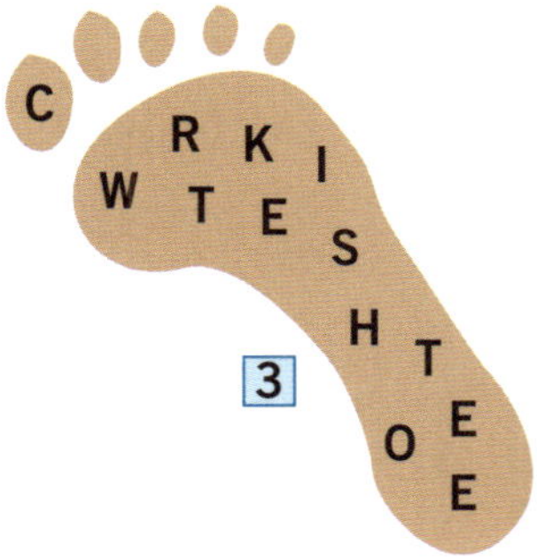

3

Acentuación de las palabras de tres sílabas o más

El acento recaerá sobre la antepenúltima sílaba. Así, las palabras de 3 sílabas sin sufijo se acentúan generalmente en la primera sílaba (ej.: '**e**nergy) y las de cuatro sobre la segunda sílaba (ej.: ca'**ta**strophe), salvo:

- si la palabra viene del latín o si se trata de un prefijo (ej.: py'**ja**mas, dis'**fu**nction)
- en las palabras que acaban en **-ic**, que llevan el acento sobre la penúltima sílaba (ej.: pa'**the**tic, humo'**ris**tic) o, en algunos casos excepcionales, sobre la 1.ª (ej.: '**A**rabic)
- en algunas palabras comunes, como to'**ma**to o Sep'**tem**ber, que simplemente tendrás que aprender de memoria y que descubrirás al hacer los siguientes ejercicios.

Nota: si estas palabras contienen un sufijo neutro, este no tendrá influencia sobre la acentuación. Si contienen un prefijo, este no llevará el acento.

10 Señala la acentuación correcta.

1. '**sa**lami – sa'**la**mi
2. dis'**ho**nest – disho'**ne**st
3. de'**ma**gogic – dema'**go**gic
4. '**e**leven – e'**le**ven
5. '**No**vember – No'**vem**ber
6. '**um**brella – um'**bre**lla
7. po'**ta**to – '**po**tato
8. irre'**le**vant – i'**rre**levant
9. ridi'**cu**lous – ri'**di**culous
10. '**po**litics – poli'**tics**
11. '**cus**tomer – cus'**to**mer
12. '**ba**nana – ba'**na**na

11 Acentúa las siguientes palabras.

1. family Catholic negative popular adventure lunatic animal hospital unthinkable
2. CANNIBAL CHEESEBURGER EXAMINE REMEMBER ADOLESCENCE ENTERTAINMENT LOLLIPOP
3. commonplace element embassy symbolic consider parody orthodox understanding
4. manager relevant stimulus independent disappointment beginning disapproval
5. genetics allergic cathedral horizon butterfly caterpillar forgetfulness fetishism

¡Enhorabuena, has llegado al final del capítulo 16! Es el momento de contabilizar los iconos y de apuntar el resultado en la página 128 para la evaluación final.

17

Los adverbios y el orden de las palabras

Naturaleza y formación

Los adverbios son palabras que modifican o aportan precisiones a un verbo o a un adjetivo (ej.: He drives well / He drives a very old car). Suelen responder a las preguntas *dónde, cuándo, cómo* y *por qué.* Algunos tienen una forma fija como **always**, **well**, **before**, **already**, **yet**, **ever**, etc., pero la manera más común de formar un adverbio es añadiendo **-ly** a un adjetivo (ej.: polite ➜ politely, quick ➜ quickly). Algunos adverbios son intensificadores (ej.: completely, very), atenuadores (ej.: almost, nearly), de modo (ej.: quietly, nicely), de lugar (ej.: here, there), de frecuencia (ej.: monthly, often) o de tiempo (ej.: before, now).

Posición: preceden generalmente al verbo o al adjetivo al que modifican (ej.: He's painfully aware of that / He is not entirely wrong).

	A principio de frase	En medio (entre el auxiliar y el verbo)	Al final de la frase
adverbios de modo: **perhaps, maybe**	✘		
adverbios de opinión: **frankly, honestly, personally**	✘		
los adverbios **almost, certainly, hardly, nearly, probably, simply**		✘	
adverbios de frecuencia no precisa: **never, scarcely, rarely, seldom, sometimes, often, usually, always**		✘	
adverbios de tiempo, de lugar y de modo: **weekly, badly, well, either, too, as well, enormously, a little, a lot, much**			✘
los adverbios **daily, weekly, monthy**			✘
adverbios de frecuencia precisa: **every day, once a week, every other week, twice a month**	✘		✘
adverbios de tiempo: **yesterday, tomorrow**	✘		✘
el adverbio **enough**			✘ (detrás del adjetivo)

1 **Ordena las palabras para formar frases coherentes.**

1. start/one/walk/around/usually/age/to/children/of/the

➜ ....

2. breakfast/often/have/teenagers/don't

➜ ....

3. to/week/gym/trying/to/twice/I'm/go/the/a

→ ....

4. tomorrow/husband/my/his/job/is/starting/new

→ ....

2 Integra los adverbios en el lugar adecuado en las siguientes frases.

1. Harry will be fired. **(probably)** → ....

2. The old lady died from the flu. **(almost)** → ....

3. I don't think he is capable of killing someone. **(honestly)**

→ ....

4. You need to take a break. **(badly)** → ....

¿Adjetivo o adverbio?

Algunos adjetivos parecen adverbios. Descúbrelos realizando el ejercicio de aquí al lado.

3 Señala los 10 adjetivos que se han escondido entre los siguientes adverbios.

needy wisely weekly costly DIMLY
silly deadly rarely oddly gently lonely
FRIENDLY keenly lovely dearly
sickly gladly mostly UTTERLY
justly EVENLY lively cowardly

Adverbios tramposos

Atención: hay algunas palabras trampa a las que si se les añade **-ly** dan como resultado una palabra que no existe (ej.: fast → fastly) o una palabra cuyo significado es diferente.

4 Señala la respuesta correcta.

1. Que signifie l'adverbe **lately**?

→ ☐ **a.** tardivement
☐ **b.** dernièrement
☐ **c.** à contrecœur

2. Que signifie l'adverbe **hardly**?

→ ☐ **a.** difficilement
☐ **b.** impitoyablement
☐ **c.** à peine

3. Señala los dos adverbios que significan lo mismo que **hardly**: sharply, scarcely, fondly, eagerly, seldom, barely, boldly, evenly.

Orden de las palabras en diferentes estructuras

Los adverbios no son los únicos elementos que plantean problemas de colocación en las frases. Hay que estar atento a las diversas estructuras. Ya hemos visto el caso del discurso indirecto, pero las frases exclamativas, negativas, interrogativas directas, las oraciones relativas y los cuantificadores, por ejemplo, también presentan problemas de orden. Comprueba tus conocimientos sobre este tema realizando el siguiente ejercicio.

5 Traduce las siguientes frases o completa las traducciones.

1. ¿Sabes dónde están mis gafas? → Do you know ....?
2. Él me preguntó qué hora era. → He asked me ....
3. Me pidieron que no hablara. → They asked me ....
4. Supongo que no lo sabes. → ....
5. Ella no quiso explicar cuáles serían las consecuencias.

   → She did not want to explain ....

6. La sopa no está suficientemente caliente. → The soup is ....
7. Este mueble pesa mucho para que yo lo levante.

   → This piece of furniture is .... to lift.
8. ¡Llegó la lluvia! → .... the rain!
9. Hemos tenido sol los tres primeros días.

   → We had sunny weather for .... days.

Expresiones shakesperianas

Muchas expresiones habituales en inglés provienen de William Shakespeare. Seguramente ignoras que tú mismo también utilizas expresiones shakespearianas. Descubre algunas realizando el siguiente ejercicio.

6 Señala la traducción o significado correctos.

1. **A sea change:**
→ ☐ **a.** someone moody ☐ **b.** the holidays
☐ **c.** a radical change or transformation

2. **Los chistes cortos son los mejores:**
→ ☐ **a.** brevity is the soul of wit ☐ **b.** the shorter the better
☐ **c.** Beware of longer jokes

3. **¡Qué alivio!:**
→ ☐ **a.** good clearing! ☐ **b.** good riddance! ☐ **c.** good rid!

4. **I have not slept at all =** I have not slept one…
→ ☐ **a.** twin ☐ **b.** wing ☐ **c.** wink

5. Someone who is **in stitches** is:
→ ☐ **a.** laughing ☐ **b.** crying ☐ **c.** angry

6. **To vanish into thin air**:
→ ☐ **a.** to disappear without a trace ☐ **b.** to escape a bad situation
☐ **c.** not to keep a promise

Expresiones alimentarias

Son muchas las expresiones inglesas que hacen referencia a los alimentos. Descubre algunas con el siguiente ejercicio.

7 Relaciona cada expresión con su significado correspondiente.

1. Full of beans •	• **a.** To blow a fuse
2. As cool as a cucumber •	• **b.** In a few words, to sum up
3. A couch potato •	• **c.** In a difficult situation
4. To eat humble pie •	• **d.** Someone who has a sedentary life
5. To spill the beans •	• **e.** Feeling great
6. In a pickle •	• **f.** Very calm
7. In a nutshell •	• **g.** To admit you were wrong
8. To go bananas •	• **h.** To tell about something

Traducir «todo»: *¿whole o all?*

- **Whole** significa *«todo / completo»*. Se suele utilizar con un sustantivo en singular. Se coloca detrás del artículo definido o de un adjetivo posesivo (ej.: She's lived in Moscow her whole life).
- **All** significa *«todo/todos»*. Se coloca delante del artículo definido o de un adjetivo posesivo (ej.: All my friends are married / She ate all the cake).

8 Completa las siguientes frases con *(the) whole* o *all (the)*.

1. The manager congratulated .... team. He congratulated .... workers.
2. Peter drank .... iced tea and ate .... muffins.
3. The baby cried .... night long.
4. Do tell, I want to know .... story!
5. He eats like a horse. He's just gulped down three .... plates of spaghetti.

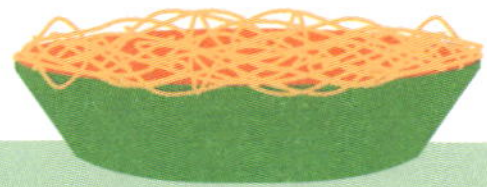

Los números

Los números, los porcentajes y las medidas son la perdición de muchos aprendices de inglés. No te rindas... ni tientes a la suerte esperando acertar, bad idea! Solo se necesita un poco de práctica, hop hop hop!

9 Traduce y/o escribe en letras.

1. 96 ....
2. 700 ....
3. 354 ....
4. 12,6 % ....
5. La habitación 205 ....
6. 06 89 09 76 54 ....

....

7. 2,005 ....
8. 100,000 ....
9. 300 años ....
10. Miles de personas ....
11. 4/9 ....
12. 1/4 ....
13. £2.50 ....

10 Encuentra las siguientes unidades de medida con la ayuda de su abreviatura y de su equivalente.

1. Oz (28,35 g):

....

2. Lb (453,60 g):

....

3. St (6,35 kg):

....

4. In / " (2,54 cm):

....

5. Ft / ' (30,48 cm):

....

6. Yd (91,44 cm):

....

7. Mi (1,609 km):

....

11 What time is it?

1. ....

2. ....

3. ....

Acentuación de las palabras de 3 sílabas y más con sufijos no neutros

Las palabras que terminan en **-ary, -ory, -ate, -ize** se acentúan sobre la antepenúltima sílaba, es decir, dos sílabas antes del sufijo (ej.: ele'**men**tary, a'**ppro**priate, '**ca**tegorize). Y las que terminan en **-ial, -ian, -iar, -ual, -ion, -eous, -ious, -ible, -sion, -tion, -ient, -ity, -cious, -logy, -tious, -graphy** sobre la sílaba precedente al sufijo (ej.: fi'**nan**cial, indi'**vi**dual, ci'**vi**lian, con'**clu**sion, defi'**ni**tion, am'**bi**tious, in'**cre**dible, possi'**bi**lity, ge'**o**graphy, fa'**mi**liar).

12 Acentúa la sílaba correcta.

1. biography – biographical

2. family – familiar – familiarity

3. photograph – photography – photographer

13 Acentúa las siguientes palabras.

1. explanatory – commemorate – peculiar – climatology – consensual – flexibility

2. domesticate – communication – marginalise – courageous – iconography

3. vegetarian – influencial – information – ambitious – delicious – physicality

4. respiratory – medidate – responsible, flirtatious – emphasise – calligraphy

5. reactionary – rudimentary – companion – Canadian – sociology

¡Enhorabuena, has llegado al final del capítulo 17! Es el momento de contabilizar los iconos y de apuntar el resultado en la página 128 para la evaluación final.

18

Las preposiciones

Las preposiciones de lugar

Distinguimos dos categorías: las **estáticas** (que señalan una posición) y las **dinámicas** (que señalan un movimiento).

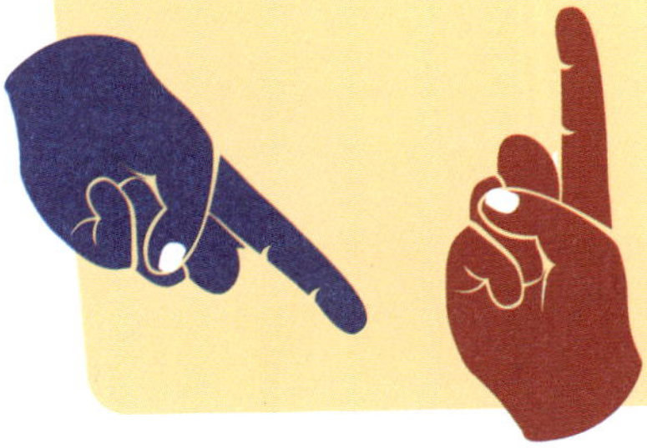

ESTÁTICAS
above: encima
across: del otro lado
along: a lo largo de
among: entre (más de dos)
at: en
behind: detrás
below: encima
beside: al lado de
between: entre (dos)
by: cerca de
down: abajo/debajo de
in: en
in front of: delante de
near: cerca de
next to: al lado de
on: sobre
opposite: frente a
outside: afuera
over: sobre
under: bajo
up: encima de

DINÁMICAS
across: a través de
along: a lo largo de
by: al lado de
down: hacia abajo
from: procedencia
into: en (interior)
off: idea de ruptura/interrupción
onto: sobre
out of/outside: a las afueras de
over: por encima de
past: más allá de
through: a través de
to: a (hacia)
towards: hacia
under: bajo/por debajo de
up: hacia arriba

1 Señala la preposición adecuada.

1. The cat's stuck in the tree, could you help him **off – under – below – by – down**?
2. I couldn't see him **among – between** the crowd. He was standing **among – between** the two pubs.
3. I can't believe he walked back home **from – off – along – to** work!
4. Paul was so mad he threw his plate **across – over – off – through** the window.
5. Insert the key **in – on – into – to** the hole and turn right twice.

Las preposiciones de tiempo

Hay 4: **at, for, in** y **on**. Repásalas realizando los siguientes ejercicios. **Pequeña pista:** una de ellas se utiliza para la hora, otra pas las fiestas y acontecimientos (party, Christmas, Thanksgiving, etc.), otra para los días/fechas y otra para los periodos de tiempo (mois, années, siècles) y las estaciones. Por otro lado, también hay algunas expresiones que debes memorizar.

2 Completa las frases con *at, for, in* u *on.*

1. I was born .... July, ... the 15th.
2. The baby sleeps .... the morning and .... the evening, but he cries .... night!
3. I got stuck in traffic but I arrived .... time, just .... time for the film actually.
4. We have a meeting .... 5 o'clock.
5. What are you doing .... Easter?
6. We invited our neighbours .... Saturday.
7. What do you usually do ...... weekends?
8. I never go on holiday .... the winter.

3 Las siguientes preposiciones no están colocadas en las frases adecuadas. Colócalas correctamente.

1. **In** average, French couples have 2 children.
2. The shooter killed people **on** random in the street.
3. I cannot talk right now, I'm **at** a hurry.
4. Mr Smith couldn't come today but I thank you **at** his behalf.
5. Keep up the good work. Your efforts will pay off **on** the long run.
6. You're so ungrateful. You might have said "thank you" **in** least.

Las locuciones preposicionales

Hay numerosas expresiones que se forman a partir de una preposición + un pronombre, otra preposición o un adverbio, como **apart from**, **except for**, **instead of**, etc.

4 Reconstruye las locuciones preposicionales colocando las palabras detrás de la preposición adecuada.

first a loss a nutshell risk the whole once view of last condition that spite of stake addition to bulk scratch bay turn ease the same time purpose

1. at → ....
2. in → ....
3. on → ....
4. from → ....

Verbos y adjetivos preposicionales

Hay numerosos verbos y adjetivos que van seguidos de una preposición y que hay que aprender de memoria (ej.: aware **of**, sorry **for**, to believe **in**).

5 Encuentra la preposición adecuada.

1. Her son is very good .... geography.
2. I'll be right back, wait .... me.
3. This software is not so different .... the previous version.
4. Do you approve .... sexual education at school?
5. She was not responsible .... the damage but agreed to help out.
6. I've always been interested .... gardening.

6 Traduce las siguientes frases.

1. Prefiero el té al café. → ....
2. Él me ha felicitado por mi examen. → ....
3. ¿Soy yo o aquí huele a chocolate? → ....
4. El médico no consiguió salvar al paciente. → ....

Expresiones habituales

Es importante que aprendas todas las expresiones habituales que puedas para comprender a tus interlocutores ingleses, por supuesto, pero también para que tu inglés sea más natural.

7 Señala la o las respuestas correctas.

1. **Tocar fondo:** to reach/to hit...
   → ☐ **a.** the bottom ☐ **b.** rock-bottom ☐ **c.** the pit
2. **Caminar con cuidado:**
   → ☐ **a.** mind the step ☐ **b.** watch out for the step
   ☐ **c.** matter the step
3. **This supermarket is open...** (= 24/24 h)
   → ☐ **a.** (a)round the clock ☐ **b.** about the clock
   ☐ **c.** up the clock

4. **4. Está comunicando:** the line is...

→ ☐ **a.** engaged ☐ **b.** occupied
☐ **c.** busy

5. **¡Qué lata!:** what a...

→ ☐ **a.** nutcase ☐ **b.** pity
☐ **c.** bummer

6. **To be broke:** être...

→ ☐ **a.** très fatigué, crevé
☐ **b.** casse pied
☐ **c.** fauché (ruiné)

7. **Someone who talks a lot** is called a:

→ ☐ **a.** chatterbag
☐ **b.** chatty-go-lucky
☐ **c.** chatterbox

8. **John Doe/Jane Doe is:**

→ ☐ **a.** a stupid person
☐ **b.** a person whose identity is unknown
☐ **c.** a boyfriend or girlfriend

9. **What is the... with you?** (= what's wrong with you?)**:**

→ ☐ **a.** issue
☐ **b.** deal
☐ **c.** matter

10. **It's for you to decide:**

→ ☐ **a.** it's on to you
☐ **b.** it's off to you
☐ **c.** it's up to you

8 Señala la o las respuestas correctas.

1. Something very easy is **as easy as**...

→ ☐ **a.** cake ☐ **b.** pie
☐ **c.** a muffin ☐ **d.** soup

2. Something very flat is **as flat as**...

→ ☐ **a.** bacon
☐ **b.** a pancake
☐ **c.** toast

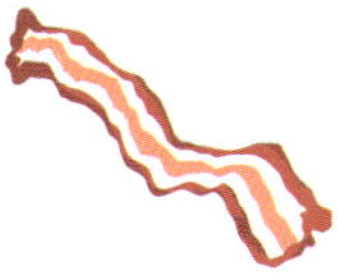

3. A bad person is:

→ ☐ **a.** a bad egg
☐ **b.** bad water
☐ **c.** a bad apple
☐ **d.** a bad loaf of bread

4. To earn the family's living is **to bring home the**...

→ ☐ **a.** meat
☐ **b.** tea
☐ **c.** bread
☐ **d.** bacon

5. To be in a difficult situation is **to be in**...

→ ☐ **a.** a jar
☐ **b.** a jam
☐ **c.** mustard

6. Junk-food is:

→ ☐ **a.** frozen food
☐ **b.** take-away food
☐ **c.** unhealthy food

7. Means "that everything is possible for you": **the world is your**...

→ ☐ **a.** mussel
☐ **b.** shellfish
☐ **c.** oyster

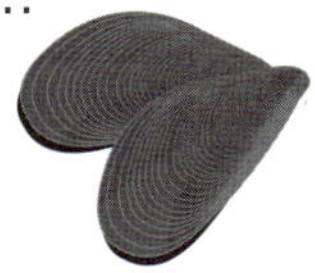

8. Means "not for anything": **not for all the... in China**:

→ ☐ **a.** spices
☐ **b.** rice
☐ **c.** tea

Traducir «grande»

Este adjetivo se puede traducir por **big, large** o **great**. **Big** y **large** solo sirven para calificar el tamaño físico. **Large** se utiliza para las nociones más concretas, da la idea de proporción/cantidad (ej.: He forgot a large part of the speech). **Great** se emplea para las nociones más abstractas, a veces morales, y en las expresiones que mencionan periodos históricos, monumentos, etc. (ej.: a big man = *un hombre robusto* / a large building = *un edificio grande* / a great man = *un gran hombre, un hombre importante* / the Great Depression).

9 Completa las frases con *large*, *big* o *great*.

1. W. Whitman was a .... American poet.

2. You should think twice. This is a .... decision.

3. He has just bought a .... American SUV.

4. The .... Plague happened in England in the 17th century.

5. Could you sign an autograph? I'm a .... fan of yours!

6. No problem, it's no .... deal, I'll do the dishes.

7. A .... proportion of the audience really enjoyed the performance.

8. Do you want a medium or a .... soda, Sir?

9. This association is a .... achievement.

10. A .... amount of the salary is often used to pay the rent.

11. I have .... respect for justice.

Traducir «pequeño»

Small no se refiere al tamaño. Es lo contrario de **big** o **large**. Se utiliza como epíteto o atributo (ej.: This is a small mug / His wife is very small). **Little** tiene una connotación afectiva y apreciativa y solo se emplea en posición de epíteto (ej.: Aww, this is a cute little dog). En algunas expresiones, **little** se utiliza en el sentido de **small** (ej.: the little hand of the clock, a little while, etc.). **Little** no se utiliza nunca en comparativo o superlativo, en esos casos se utiliza **small** (ej.: This is the smallest car I have ever seen / Peter is smaller than James).

10 Completa las frases con *small* o *little*.

1. This house is rather .... for their family.
2. Simon has a lovely............. shop.
3. This dress is too big for me. I need a ....er one.
4. Look at the adorable .... girl!
5. She has broken her .... finger.

La *schwa* (1/2)

La **schwa** es el sonido más habitual en inglés. Se pronuncia **[e] cerrarda, muy corta y breve**. Está presente en las sílabas no acentuadas de las palabras o en las palabras no acentuadas (artículos, preposiciones, etc.). Todas las vocales son susceptibles de pronunciarse **[e] cerrada**. Saber pronunciar este sonido cuando es necesario hace que el acento sea más natural e idiomático. La **schwa** puede representar una sola vocal (ej.: **a'**gain / [**e**'guen] con la primera [e] cerrada) o un pequeño grupo de letras (ej.: 'summ**er** / ['sam**e**] con [e] cerrada.

11 Algunas palabras contienen una *schwa*. Identifícalas y señala la vocal correspondiente.

1. likely pancake fantastic abroad
2. Emma downstairs energy empty
3. DISAPPEAR EFFORT EXCLUDE HANDSOME
4. minimum warfare actress tomorrow pupil
5. graveyard comparative hatred
6. FORWARD WIZARD INSOMNIA KIDNEY
7. recede ridiculous savage selective
8. skeleton therapy orange Marcus

12 Señala las vocales que se pronuncian *schwa* en las siguientes palabras.

ago – potato – children – dramatic – capacity – acceptable – elephant – accident – legitimate – analyse – favour – surprise – banana – random – protect – survive – level – famous – alone – computer – difficulty – exercise – funeral – introduction – legacy – mindless – measure

¡Enhorabuena, has llegado al final del capítulo 18! Es el momento de contabilizar los iconos y de apuntar el resultado en la página 128 para la evaluación final.

19

Phrasal verbs

Naturaleza y función

Un **phrasal verb** es un verbo seguido de lo que llamamos una partícula. Esta última puede ser una preposición (ej.: in, on, out, etc.) o un adverbio (ej.: across, away, down, etc.). El conjunto verbo + partícula significa una cosa distinta que la simple suma del significado del verbo solo y del de la partícula. La partícula a veces lo único que hace es reforzar el significado del verbo (ej.: calm down), pero generalmente añadir la partícula detrás del verbo cambia completamente el significado (ej.: **to carry** = *llevar*, pero **to carry out** = *efectuar/proceder*). Los **phrasal verbs** pueden ser intransitivos, que no aceptan complemento directo (ej.: get up, break down), o transitivos (ej.: I gave up smoking). Cuando son transitivos, la partícula puede ser inseparable (ej.: Paul called on me yesterday) o separable. Cuando es separable, se coloca delante o detrás del complemento si este es un sustantivo (ej.: Turn out the light / Turn the light out), detás del complemento si es un pronombre (ej.: Turn it out) y delante del complemento si este es largo (ej.: Have you turned out the light that was on in the kitchen?).

Significado de las principales partículas (1/2)

- **away:** alejamiento (to walk away = *alejarse*) o disminución (to fade away = *desvanecerse*)
- **back:** vuelta (to come back = *regresar*), regresión (to cut back on = *ahorrar*) o reciprocidad (to love back = *amar también/corresponder*)
- **down:** movimiento hacia abajo (to help down = *ayudar a bajar*), terminación (to shoot down = *derribar*), disminución (to go down = *bajar*) o fin (to close down = *cerrar definitivamente*)
- **in:** inclusión (to count in = *incluir*), movimiento hacia el interior (to let in = *dejar entrar*), terminación (to give in = *ceder*) o completo (to fill in = *rellenar*)
- **off:** extinción/parada (to turn off = *apagar*), partida (to set off = *partir*), desaparición (to go/come off = *partir, desaparecer*) o separación (to take off = *despegar*)
- **on:** continuación (to speak on = *continuar hablando*) o encendido (to turn on = *encender*)
- **out:** exclusión (to leave out = *dejar de lado*), movimiento hacia el exterior (to take out = *salir*), aparición repentina (to break out = *estallar*) o extinción progresiva (to wear out = *gastar*)

Significado de las principales partículas (2/2)

- **over:** recorrer (to go over = *repasar, releer*) o completo (to think over = *meditar, considerar*)
- **up:** movimiento hacia arriba (to walk up = *subir*), aumento (to go up = *aumentar*), mejora (to cheer up = *subir la moral*), terminación (to tidy up = *ordenar completamente*) o conclusión/fin (to be up ➜ time's up! = *¡es la hora!*)

1 Señala la partícula correcta.

1. Disfrazarse
   ➜ to dress **on – up – out – over**
2. Postergar
   ➜ to put **out – down – off**
3. Insistir
   ➜ to keep **over – on – up – in**
4. Regañar a alguien
   ➜ to tell **down – out – away – off**
5. Arreglárselas
   ➜ to get **over – across – by – in**
6. Soportar
   ➜ to put **over – up – down – out** with
7. Dar explicaciones
   ➜ to explain **over – away – down – up**
8. Hacer ejercicio/entrenarse
   ➜ to work **out – over – in – off**

2 Relaciona cada *phrasal verb* con su traducción.

1. get on with	**a.** indicar
2. carry on	**b.** superar
3. sleep in	**c.** entenderse bien con
4. point out	**d.** mantener
5. back up	**e.** dormir hasta tarde
6. come up	**f.** surgir
7. get over	**g.** proseguir
8. show off	**h.** alardear

3 Declina los siguientes verbos añadiendo la partícula conveniente.

1. <u>To call</u>

   anular: **to call** ....

   hacer una visita: **to call** ....

   gritar algo: **to call** ....

   devolver la llamada: **to call** ....

2. <u>To give</u>

   devolver: **to give** ....

   abandonar: **to give** ....

   rendirse: **to give** ....

   distribuir: **to give** ....

4 Completa las frases con una de las siguientes preposiciones.

across · on · out · in · down · up · out
up · off · in · up · away · out

1. He dropped .... of school when he was 16.
2. I came .... this book at the library.
3. This shop went bankrupt and closed ....
4. He gave himself .... when he mixed .... dates.
5. Hurry ...., we need to check .... before 4 pm.
6. **Just for fun:** "At the army medical, the doctor said, 'take all your clothes ....'. I said: 'Shouldn't you take me .... to dinner first?" Spike Milligam

7. Only ten minutes left, we're running .... of time!
8. My parents grew .... in Provence.
9. Remuer le couteau dans la plaie = rub it ....
10. La nuit porte conseil = sleep .... it.

La familia

El término **relative** es un falso amigo; significa *«pariente»*, en el sentido de *«de la familia»*. ¡Ahora te toca a ti!

5 Señala la respuesta correcta.

1. I was ☐ **a. born** ☐ **b. borne** ☐ **c. boarn** in 1965.
2. **Un hogar** se dice:
   → ☐ **a.** a homeland ☐ **b.** a homehold ☐ **c.** a household
3. **Un conocido** se dice:
   → ☐ **a.** a relative ☐ **b.** an acquaintance ☐ **c.** an in-law
4. **Brothers and sisters** are called:
   → ☐ **a.** siblings ☐ **b.** BS ☐ **c.** kins
5. **Two babies from the same pregnancy** are called:
   → ☐ **a.** teens ☐ **b.** tins ☐ **c.** twins

6 Encuentra la traducción de las siguientes palabras en la secuencia de palabras unidas (atención: hay letras y palabras que no se usan).

1. padrastro
   → ....
2. hijo
   → ....
3. hija
   → ....
4. soltero/a
   → ....
5. ama de casa
   → ....
6. huérfano
   → ....
7. viudo
   → ....
8. viuda
   → ....
9. prometido/a
   → ....
10. pensión alimenticia
    → ....
11. funeral
    → ....

ACQUAINTANCEBABIESTWINS
DAUGHTERMOTHERFATHER
SONAUNTUNCLEORPHAN
BORNSIBLINGSWIDOW
SISTERBROTHERGRAND
PARENTSWIDOWERCHILDREN
KIDSSINGLELONELYALONE
HOUSEWIFENEIGHBOUR
ENGAGEDAPOLOGIZEPROPOSE
STEPFATHERMOURNING
ALIMONYNEXTOFKIN
FUNERAL

7 Completa las informaciones.

"Hi, my name is Antony Anderson but my friends call me Cute Tony."

LAST NAME: ....

NICKNAME: ....

FIRSTNAME: ....

Trabajo

Si un inglés o un americano que acabas de conocer te pregunta: "**what do you do?**", quiere saber qué profesión ejerces. ¿Sabrías responderle?

8 Encuentra la traducción de las siguientes palabras en la sopa de letras.

abogado · médico · artesano · carnicero · personal · ingeniero · zapatero · o·cinista · director general · librero · mecánico · panadero · tendero

B	E	N	G	I	N	E	E	R	K
O	A	G	R	O	C	E	R	P	E
O	S	S	C	L	E	R	K	H	Y
K	Y	T	O	T	A	L	I	Y	C
S	L	A	W	Y	E	R	L	S	E
E	O	F	I	R	E	Y	L	I	O
L	W	F	T	I	M	E	E	C	B
L	B	U	T	C	H	E	R	I	A
E	C	O	B	B	L	E	R	A	K
R	U	D	E	A	R	L	Y	N	E
M	E	C	H	A	N	I	C	A	R
R	C	R	A	F	T	S	M	A	N

9 Une correctamente las sílabas para formar la traducción de las siguientes palabras.

1. contable → ....
2. comercial → ....
3. empleado → ....
4. comerciante → ....
5. pescadero → ....
6. científico → ....

kee · mon · ien · acc · man · oun · yee · ger · fi · sc · sh · op · lo · sh · emp · st · ti · tant · per · les · sa

Las interjecciones

Las interjecciones inglesas a veces son muy distintas a las nuestras. Seguro que conoces **Yum** *(ñam)*, **ouch** *(ay)* y **oops** *(ups)*. Descubre otras con el ejercicio de la derecha.

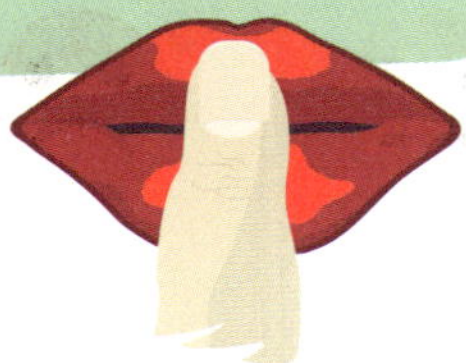

10 Ordena las letras para encontrar el equivalente inglés de las siguientes interjecciones.

1. Bah, pfff: **EMH** → ....
2. Por Dios: **EEGZ** → ....
3. Hola: **YHAI** → ....
4. ¿Eh?: **HHU** → ....
5. Silencio, shh: **SUHH** → ....
6. ¡Ostras!: **THOOS** → ....

La *schwa* (2/2)

Repaso: la **schwa** es un sonido **[e] corta** que se encuentra en las vocales de las sílabas no acentuadas. Hemos visto que las palabras que no llevan información (como los artículos y las preposiciones) no van acentuadas. Las vocales de estas palabras se pronunciarán como **schwas** aunque en el lenguaje oral, apenas se oyen estas pequeñas palabras gramaticales.

11 Señala las *schwas* en la entonación de los siguientes enunciados.

1. "You've eaten all the chocolate again, haven't you?"
2. "It took her a lot of time to drive all the way from Manchester."
3. "I bumped into the mayor at the cinema."
4. "Her new boyfriend, Liam, is a very decent guy."
5. "I'll have fish and chips and a medium soda."
6. "Mr Davis is not available at the moment. He needs to make a phone call."
7. "I want to thank you for your support.
8. "Can you tell me where you come from?"
9. "My grandchildren collect crocodile toys."
10. "Is that for me? Awww, it's so kind of you, thanks a lot!"

12 Señala las *shwas* y acentúa las palabras que llevan los acentos de frase en los siguientes enunciados.

1. "The children are playing in the snow."
2. "My husband is turning forty on Monday."
3. "I'll be away from the office from the twelfth to the fifteenth of September."
4. "Almost half of the American population are now overweight or obese."
5. "Do you think she mispronounced her name on purpose?"
6. "I'm afraid I can't make it to your party tonight."
7. "Someone's knocking at the door. Could you get that please? I'm in the shower."
8. "Damn, we're running out of milk. I'm going to the shop. I'll be there and back."

¡Enhorabuena, has llegado al final del capítulo 19! Es el momento de contabilizar los iconos y de apuntar el resultado en la página 128 para la evaluación final.

20

Voz pasiva

Formación de la voz pasiva

Se forma con la ayuda de: **to be** (conjugable en todos los tiempos) + participio pasado (en los tiempos en **-ing**, se añade **being** entre **to be** y el participio pasado). El autor o agente de la acción no se precisa salvo si su identidad es conocida y la información se considera interesante y necesaria en el contexto. En ese caso, va introducido por **by** (ej.: A new swimming pool is being built / We were warned by the mayor that there was going to be a hurricane).

En el caso de que se haya convertido una frase activa en pasiva, el sujeto de la frase activa pasa a ser complemento de agente de la frase pasiva y el complemento de objeto directo pasa a la primera posición en la frase pasiva:

Frase activa: The little boy broke the glass.

Frase pasiva: The glass was broken by the little boy.

Uso común con el español

Al igual que en español, la pasiva se puede utilizar para describir una acción colocando primero no al protagonista sino a la persona/cosa que la ha experimentado (ej.: The dinner will be cooked by her husband = *La cena será preparada por su esposo*) o/y cuando la identidad del autor no se concreta, ya sea porque no es importante o porque es evidente (ej.: He was fired = *ha sido despedido*).

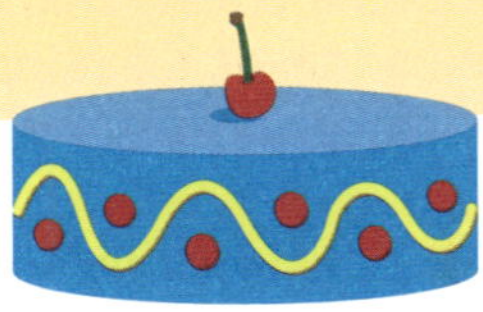

I **Pon en pasiva las siguientes frases.**

1. They are making a cake. ➜ ....
2. Aunt Annie will bring dessert. ➜ ....
3. My brother would have repaired the computer if he had had time.

   ➜ ....
4. John finally killed the mouse that had been in my attic for months!

   ➜ ....

Usos específicos del inglés

La pasiva es mucho más habitual en inglés que en español, ya que se emplea también en muchos otros contextos. De hecho, se utiliza también:

- **1.** En las frases donde el español utiliza *«se»* o *«la gente»*:

– con los verbos de pensamiento, de opinión y de habla como **know, say, think, believe, suppose, consider, tell** y en las oraciones relativas (ej.: She's said to be sick = *Dicen que está enferma*).

– con los verbos con dos complementos como **give, offer, show, write, pay, sell, buy send, teach, ask, tell, lend**. La persona se convierte entonces en el sujeto del verbo (ej.: He was offered a new job). Con estos verbos hay dos construcciones posibles, como lo demuestra este ejemplo: **I was sent a letter** (la forma más común y natural) / **A letter was sent to me** (forma utilizada únicamente si la atención recae sobre el objeto en sí).

- **2.** Con ciertas estructuras pronominales españolas (ej.: My neighbour is called Seamus = *Mi vecino se llama Seamus* / Helped is needed = *Se necesita ayuda*).

- **3.** Con ciertos giros infinitivos activos en español, del tipo *«a ver», «a hacer», «a contactar»*, etc. (ej.: *más fácil de decir que de hacer* = It's easier said than done).

Nota: para una acción accidental o inesperada, la pasiva se formará con **get** (ej.: They got arrested by the police).

Observación 1: los verbos con posposición se pasan a pasiva de manera normal. Únicamente recuerda colocarla al final de la frase (ej.: A fire burned down the house ➜ The house was burned down by a fire).

Observación 2: algunos verbos pasivos en español se traducen en inglés por un verbo con doble orientación (pasiva y activa) como **need, want, deserve** seguido de **-ing** (ej.: The car needs cleaning = *El coche necesita ser lavado*).

2 Traduce las siguientes frases.

1. Aquí se habla alemán. ➜ ....

2. Eso está pendiente de ver. ➜ ....

3. Ella se mató en el accidente. ➜ ....

4. Ellos hicieron trampas y merecieron perder. ➜ ....

5. Este plato se come caliente. ➜ ....

6. Se le mintió. ➜ ....

3 Ordena las palabras para formar una frase pasiva coherente.

1. boy/film/poor/shown/a/the/violent/too/little/was

   ➜ ....

2. for/bed/time/has/slept/long/been/this/very/a/not/in

   ➜ ....

3. law/workers/was/enrage/did/this/many/expected/and/new/to

   ➜ ....

4. town/opportunity/this/given/the/visit/to/was/I

   ➜ ....

La ropa

Atención: **Clothes** se refiere a la ropa en general. Si se quiere nombrar una prenda en particular, habrá que decir **an item/piece/article of clothing** o **a garment**.

4 Separa las palabras por el lugar adecuado y encontrarás la traducción de las siguientes palabras.

1. camisa ➜ ....
2. chaqueta ➜ ....
3. impermeable ➜ ....
4. deportivas ➜ ....
5. falda ➜ ....
6. vestido ➜ ....
7. jerséy ➜ ....
8. bolso ➜ ....
9. barra de labios ➜ ....
10. moda ➜ ....
11. collar ➜ ....
12. pendientes ➜ ....

J U M P E R E A R R I N G S L I P S T I C K
F A S H I O N J A C K E T S H I R T N E C K
L A C E D R E S S R A I N C O A T H A N D B A G
S K I R T T R A I N E R S

5 En la siguiente lista están las palabras que necesitas para completar las frases. Evita las falsas sugerencias.

lose dress yourself
get dressed suit
goes LOOSE
clothe yourself
lost tight fit
DRESS fits suits

1. Hurry up, it's 8:30 am, you need to ....
2. I've lost weight, these trousers are ....
3. Slim jeans are very .... jeans.
4. This skirt .... you well, you look beautiful!
5. This shirt doesn't ...., it's an M and you need an L.

6 Señala la traducción correcta.

1. Un tejido:
→ ☐ **a.** a fabric
☐ **b.** a material
☐ **c.** a garment

2. Lana:
→ ☐ **a.** lace
☐ **b.** wool
☐ **c.** silk

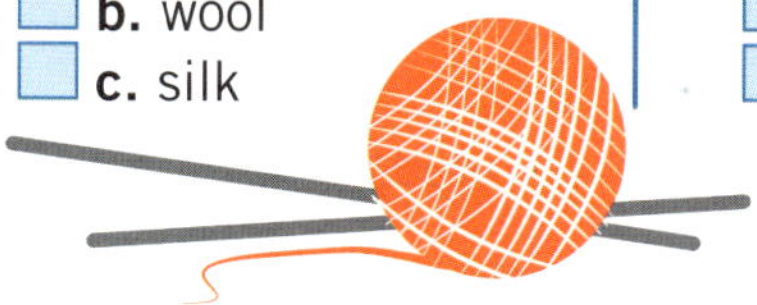

3. Seda:
→ ☐ **a.** soy
☐ **b.** leather
☐ **c.** silk

4. Terciopelo:
→ ☐ **a.** silk
☐ **b.** veneer
☐ **c.** velvet

5. Cuero:
→ ☐ **a.** lather
☐ **b.** leather
☐ **c.** rubber

6. Mono (de trabajo):
→ ☐ **a.** overalls
☐ **b.** baggy pants
☐ **c.** cropped pants

7 Escribe las siguientes palabras junto a su definición.

tie | tuxedo | tracksuit | belt | gloves | slippers

1. Strip of material worn round the neck, usually with a shirt →
2. Long piece of leather or cloth worn around the waist → ....
3. Covering for the hands, generally worn to protect them from cold →
4. Kind of suit usually worn at formal events → ....
5. Casual clothes worn to practice sports → ....
6. Soft shoes worn in the house →

8 **Encuentra las palabras escondidas con la ayuda de las siguientes pistas.**

1. Case carried in the pocket and used for holding ID papers, credit cards...
2. Type of hat with a peak.
3. Strings used to tie up shoes.
4. Items of clothing such as bras and panties.
5. Piece of material worn around the neck for warmth or ornament.

E	A	T	R	O	U	S	E	R	S
U	P	Y	I	S	O	C	K	S	A
N	P	S	C	A	R	F	I	T	S
D	L	I	O	I	C	E	C	O	W
E	E	E	R	A	T	M	A	B	I
R	E	L	O	V	E	T	P	R	M
W	W	A	L	L	E	T	B	I	S
E	A	C	I	T	I	E	S	E	U
A	I	E	V	P	A	N	T	F	I
R	T	S	E	V	E	R	Y	S	T

9 **Ordena las letras para encontrar la traducción de las siguientes palabras (vocabulario de las compras).**

1. pedido: **REDOR** → ......
2. recados: **RERDANS** → ....
3. departamento: **EMTEDNARPT** → ......
4. etiqueta: **BALEL** → ....
5. artículo: **MITE** → ....
6. factura: **NICIOVE** → ....

Hablar por teléfono

Un teléfono fijo se dice **landline phone** o **fixed-line phone** y un móvil **mobile phone** (inglés) o **cellphone** (EE.UU.). Una expresión que debes conocer: **to make a call** = *hacer una llamada.*

10 **Escribe estas palabras en el lugar adecuado en la conversación.**

– Cooper & Smith, John Edwards ....
– This is Adam Fisher. Could I .... to Mr Alan, please?
– Can you .... on? *(a minute later...)* I'm afraid he is not .... at the moment. Can I take a ....?

– Just tell him that I .... and that I'll call him back .... in the week. Is Norman McCrane ....?

– I think he is, Sir. I'll .... you .... to him.

– Thank you. Oh no, the line is .... now!

Confusiones frecuentes

Algunas palabras presentan problemas para los hispanohablantes y en ocasiones confusiones recurrentes. Aquí tienes algunos ejemplos. Enjoy!

11 Señala la palabra adecuada para formar frases coherentes.

1. His suggestion totally makes sense, it is **sensible – sensitive**.
2. **Who's – whose** that man over there?
3. My car is at the garage, can I **lend – borrow** yours?
4. You can tell Henry everything, he is very **understanding – understandable**.
5. I'm still very tired from my **travel – journey** to Plymouth.
6. **Like – As** I told you before, I'd like you to come to our wedding.
7. Please be quiet, I'm **waiting – expecting** a phone call from the director anytime now.

Repaso

Hemos llegado al final de esta obra. Es un buen momento para hacer un repaso sobre la cuestión de la entonación y de la acentuación.

12 En las siguientes frases indica la entonación de la frase (ascendente o descendente) señalando la flecha correcta. Después acentúa las palabras sobre las sílabas adecuadas y señala las *schwas*.

1. The capital city of Canada is Ottawa, Ontario. ↓ ↑
2. Do you like chocolate-covered strawberries? ↓ ↑
3. He's always been so selfish, hasn't he? (I know, right?) ↓ ↑
4. Who(m) did you go on holidays with? ↓ ↑
5. Really? Cathy? She told you she was getting married?! ↓ ↑

¡Enhorabuena, has llegado al final del capítulo 20! Es el momento de contabilizar los iconos y de apuntar el resultado en la página 128 para la evaluación final.

1. Los tiempos del presente

1 **1.** plays/has played (...) for **2.** has lived (...) since **3.** drives **4.** have known (...) for **5.** eat **6.** put / pour

2 **1.** My neighbours have been married for forty years. **2.** You're not talking much tonight, are you okay? **3.** It smells very good in the kitchen, what are you cooking? **4.** When you buy Chevrolet, you're buying American. **5.** I'm sure he is in. I can hear some music.

3 **1.** fake – fade – fame – fate **2.** shame – share – shake – shade **3.** heap – heat – heal – hear **4.** bear – dear – fear – near

4 **1.** safe – sane – same – sale **2.** lake – lame – lane – late **3.** skid – skim – skin – skip

5 **1.** cheap **2.** flour **3.** award **4.** tip **5.** dust

6 **1.** mean / meal / meat **2.** soup / sour / soul **3.** stem / step / stew **4.** weed / week / weep

7 **1.** hoping/hopping **2.** slam/slap **3.** plum/plug **4.** lung/hung **5.** blame/blade

8 **1.** live **2.** forget **3.** see **4.** square **5.** sound

9 **1.** bomb → B **2.** Christmas → T **3.** folk → L **4.** mnemonic → M **5.** muscle → C **6.** psychology → P **7.** whistle → T **8.** wrist → W

10 Palabras con letra muda: com(b) / (g)nat / thum(b) / colum(n) / mor(t)gage / buffe(t) / dou(b)t / fa(r)m / ca(l)m / cas(t)le / fas(t)en / autum(n) / a(l)mond / de(b)t / tom(b) / ha(l)f / lam(b) / wa(l)k / su(b)tle / (g)narled / num(b) / mus(t)n't

11 **1.** tomb **2.** limb **3.** climb **4.** island **5.** listen **6.** knock **7.** talk **8.** pneumonia

2. Los tiempos del pasado

1 **1.** begin – began – begun **2.** bite – bit – bitten **3.** blow – blew – blown **4.** choose – chose – chosen **5.** deal – dealt – dealt **6.** eat – ate – eaten **7.** hold – held – held **8.** keep – kept – kept **9.** mean – meant – meant **10.** show – showed – shown **11.** slide – slid – slid **12.** lie – lay – lain

2 write – wrote – written / sweep – swept – swept / pay – paid – paid / draw – drew – drawn / hit – hit – hit

3 **1.** was driving (...) called (...) did not answer **2.** spent (...) were sunbathing **3.** was sleeping (...) rang (...) woke me up

4 **1.** went (...) ago (...) haven't been (...) yet **2.** have been repainting **3.** took (...) during **4.** lived (...) for **5.** haven't smoked since / gave up (...) had **6.** has left

5 **1.** was driving (...) realised (...) had forgotten **2.** argued (...) haven't seen **3.** had just closed (...) rang **4.** slid (...) broke

6 **1.** Alcoholic's Anonymous **2.** Emergency Room **3.** Rest In Peace **4.** Estimated Time of Arrival **5.** Toilet Paper **6.** Also Known As **7.** I Owe You **8.** Cause of Death **9.** Date of Birth **10.** Pre-Menstrual Syndrome

7 **1.** alone **2.** lonely **3.** alone **4.** single **5.** only **6.** single

8 **1.** give and take **2.** pros and cons **3.** sink or swim **4.** sweet and sour **5.** apples and oranges

9 **[id]**: ended, weeded, traded, tainted, seated, minded, naked, lasted, evaded, rewarded, expected, suggested, shouted, started
[t]: aced, wished, nursed, booked, leaked, beaked, wrapped, stopped, plucked, fixed, confessed
[d]: used, viewed, teased, aged, maimed, leaned, dulled, wavered, trained, stirred, skimmed, remembered, infused, puzzled, surprised

3. Expresar el futuro

1 **1.** shall **2.** will **3.** will be surfing **4.** will **5.** shall **6.** will **7.** will have found **8.** will

2 **a.**5; **b.**3; **c.**2; **d.**1; **e.**6; **f.**4

3 Cambodia – Turkey – Sweden – The Netherlands – The West Indies – Morocco – Brazil – Norway

4 **1.** Swede **2.** Dane **3.** Spaniard **4.** Greek **5.** Pole

5 **1.** Brussels **2.** Warsaw **3.** London **4.** Moscow

6 **1.** Pardon my French **2.** to go Dutch **3.** French fries **4.** It's all Greek to me! **5.** Dutch courage **6.** French bean **7.** to take French leave **8.** a Mexican standoff **9.** French dressing **10.** a French window **11.** Spanish guitar **12.** French letter

7 **1.** Thanksgiving **2.** Pancake Day **3.** Arbor Day **4.** Bonfire Night **5.** Easter **6.** Independence Day **7.** Red Nose Day **8.** Halloween **9.** St Patrick's Day

8 **1.** rose / England **2.** thistle / Scotland **3.** shamrock / Ireland **4.** maple leaf / Canada **5.** leek / Wales

9 **1.** flu **2.** runs in the family **3.** run some tests **4.** threw up **5.** fever

10 **1.** a basic rule **2.** to have butterfl ies in one's stomach **3.** good luck! **4.** to become afraid to do or try something **5.** ¡un cuerno!

11 plum(b)er / We(d)nesday / (k)not / As(th)ma / Conne(c)ticut / (h)our / cou(l)d / s(w)ord / lam(b) / (p)seudo / sa(l)mon / dam(n)

12 hour, thyme, honour, rhyme, honesty, heir, Thames

13 honey, unusual, dug, lucky, blood, dove, cut, hung, production, enough, mother, trouble, courage, oven, uneasy

14 **1.** full **2.** judge **3.** urn **4.** urban

4. Verbos modales

1 **1.** cannot **2.** should/must **3.** Can **4.** should **5.** would **6.** Could **7.** should

2 **1.**e; **2.**f; **3.**g; **4.**c; **5.**d; **6.**b; **7.**a

3 **1.** You should have warned me. **2.** I would have come if you had invited me. **3.** You could have had dinner with us, you know. You were welcome. **4.** They must have been disappointed by this failure. **5.** By the end of the year, I will have saved 2,000 euros.

4 **1.** I will be able to help you with the cooking **2.** She said that she would leave work earlier that day **3.** I had to do some paperwork **4.** Will I be allowed to smoke in your house?

5 **1.** You cannot have your cake and eat it too. **2.** You cannot judge a book by its cover. **3.** It's no use crying over spilled milk. **4.** Brevity is the soul of wit.

6 **1.** Beauty is only skin deep. **2.** No man is an island. **3.** Beggars can't be choosers. **4.** Beauty is in the eye of the beholder. **5.** Every cloud has a silver lining.

7 **1.** Great minds think alike. **2.** An apple a day keeps the doctor away. **3.** Curiosity killed the cat. **4.** It never rains but it pours. **5.** There's no such thing as a free lunch. **6.** Better safe than sorry / A stitch in time saves nine.

8 Las siguientes palabras estaban mal colocadas. Aquí están en el lugar correcto:
[ei]: educate, crusade, ache, haven, sage, accumulate
[e] cerrada: chocolate, climate, desperate, orchard, abortion, career, pirate
[a] de *cat*: patchy, family, fashion, nappy, camp, impact, daddy, background
Otras: says **[e]**, leverage **[i]**, hawk **[o] cerrada**, charm **[a] larga**, barbecue **[a] larga**, far **[a] larga**

9 **1.** also **2.** catch **3.** any **4.** eyelash **5.** salt **6.** dark

10 **1.** Right **2.** Wrong **3.** Wrong **4.** Right **5.** Right **6.** Wrong **7.** Right

11 **Como en *sit*:** with, recipe, misery, ambiguous, armpit, bitter, fist, disable, drip, animal, family
Como en *alive*: pilot, quite, like, tie, fire, bite, drive, final, direct
Como en *girl*: shirt, skirt, first, thirst, swirl, twirl, dirty, firm

12 **1.** dirt, weight **2.** slit, foreign, envy, ginger, gist, limb, bit, antonym **3.** fir, lift, chemistry, neighbour, chirp, alley

5. El discurso indirecto

1 **1.** They told me that they could lend me their mower. **2.** You told me that you would come to my party. **3.** James said that he visited his parents on Sundays. **4.** We told her that we had heard (that) she was sick. **5.** They said that they might arrive a bit late. **6.** She said that she was going to drive her sister to the station.

2 **1.** You told me why you left. **2.** You told me where to go. **3.** You told me who(m) to ask for. **4.** You told me what not to do.

3 **1.** She said that she went/had been to the doctor's the day before. **2.** He said that his wife would come back home the following week. **3.** She said that she was meeting her new boss the day after. **4.** He said that he left/had left his book in the Tube the week before. **5.** He said that he (had) had to stop smoking the year before/last year.

4 **1.** I wonder what time it is. **2.** I asked her if she could give me a hand. **3.** I asked Paul whether he still loved Janet.

5 **1.** He begged me to forgive him. **2.** He advised me to stop smoking. **3.** He asked me how old I was. **4.** He suggested that we went to the restaurant.

6 Las palabras que tenían un error son las siguientes: address, example, separate, to lose, weird, immediately, rhythm, running, government, across, aggressive, wedding, disappoint, achievement, successful

7 **1. incredible:** unbelievable, fabulous, wonderful, astonishing, extraordinary, fantastic, amazing **2. beautiful:** pretty, stunning, lovely, handsome, attractive, gorgeous **3. unhappy :** miserable, sad, dejected, sorrowful, melancholy **4. angry:** mad, enraged, furious, inflamed **5. hurt:** wound, harm, pain, injure **6. dull :** tiring, boring, uninteresting

8 **1.** fearless **2.** preposterous **3.** grumpy **4.** crooked **5.** asset **6.** grateful **7.** clumsy **8.** spend **9.** sample **10.** attach

9 evidence/proof; permit/allow; promise/swear; present/gift

10

I	L	K	O	D	A	C	U	S	H	I	O	N	O	T	U	V	A	B	E
R	L	E	L	U	O	U	R	E	N	T	E	O	N	F	A	D	T	E	A
E	A	T	I	S	C	I	E	B	R	O	T	F	R	U	S	O	T	I	E
N	N	T	V	T	E	R	B	L	I	N	D	L	E	R	A	O	I	K	H
T	D	L	E	B	I	U	A	C	A	T	O	O	M	N	U	R	C	A	I
A	L	E	C	I	L	G	G	A	T	W	W	O	O	I	C	S	I	N	K
L	O	V	E	N	I	S	T	F	L	A	T	R	V	T	E	T	R	E	I
O	R	H	U	B	N	O	A	I	N	L	E	O	A	U	P	E	O	D	N
B	D	O	G	E	G	F	N	I	N	L	O	W	L	R	A	P	O	U	G
S	I	T	Z	E	B	A	S	E	M	E	N	T	I	E	N	I	F	E	R

1. flat **2.** rent **3.** rug **4.** floor **5.** basement **6.** cushion **7.** ceiling **8.** blind **9.** sofa **10.** wall **11.** removal **12.** landlord **13.** doorstep **14.** pan **15.** oven **16.** kettle **17.** dustbin **18.** sink

11 **1.** ladder **2.** says **3.** again **4.** said **5.** fashion

12 **Como *food*:** moon, tool, boot, zoo, smooth **Como *book*:** foot, wood, good, hood, understood **Como *door*:** floor **Como *flood*:** blood **Como *poor*:** moor

6. La construcción verbal

1 **1.** Ø; **2.** to; **3.** Ø; **4.** to; **5.** Ø; **6.** to; **7.** to; **8.** Ø

2 **1.** I can't afford to buy a new car. **2.** correct **3.** I'm used to sleeping very little. **4.** correct **5.** He left without saying goodbye. **6.** I don't enjoy swimming much. **7.** I prefer to stay home tonight. **8.** correct **9.** I can't help biting my nails.

3 **1.**a; **2.**b; **3.**a; **4.**b; **5.**c; **6.**d; **7.**d; **8.**c

4 **1.** to see (...) taking **2.** Walking **3.** take **4.** going **5.** to afford **6.** fixing **7.** changing **8.** having (...) having

5 **1.** to stare, to glance, to peep, to glimpse, to behold **2.** to have a ball, to have a whale of a time, to have a blast **3.** I have no clue, I'm clueless, I have no idea, I don't have the foggiest **4.** to feel like a million dollars, to be full of beans, to be in the pink, to be as fit as a fiddle **5.** it's no picnic, it's no bed of roses

6 **1.** stove, cooker **2.** cupboard **3.** shelves **4.** curtains **5.** a blanket **6.** dishwasher

7 **1.** frying pan **2.** iron **3.** sheets **4.** pillow **5.** shower **6.** stool

8 **1.** shampoo, soap, toothpaste, shave **2.** vacuum cleaner, broom, sweep, dust

9 **[ei]:** steak **[e]:** sweat, cleanse, head, dread, deaf, spread, weapon, pleasure, leant, measure **[e] cerrada:** earth, yearn, ocean **[a]:** hearth **[i]:** breathe, clean, lean, eager, freak **[e]+[e] cerrada:** pear, swear, bear, wear, rear **[ie]:** year, idea, cereal, beard, overhear, spear, weary
No pertenece a ninguna categoría: [riakshen] con **[e] cerrada**

10 **1.** belong, vintage, advantage, between, attorney, village, orange, recipe, beverage **2.** honey, hostage, damage, mirage, sausage, fluency, Nike **3.** fin, marriage, easy, recede, synonym **4.** journey, melody, amplify, beyond, kidney, become, Tory, savage **5.** develop, kindle, women, business, fuzzy, Penelope, coyote

11 **[i] corta:** sick, exist, dish, giggle, erratic, hiss, ill, jingle, honey, journey, hit, monkey
[i] larga: complete, delete, beam, bean, cheat, meat, read, speak, eve, bee, keep, deep, leek, squeeze, ceiling, conceive, perceive, receive, people, key, machine, magazine, sweet

7. Estructuras causativas

1 **1.**d; **2.**e; **3.**f; **4.**b; **5.**a; **6.**c

2 **1.** Her husband makes her very happy. **2.** I had the car repaired. **3.** This film always makes me cry. **4.** The old lady made me repeat three times. **5.** My mother (has) had the living room redecorated. **6.** Whitney (has) had the groceries delivered.

3 **1.** (...) I finally got him to see a doctor. **2.** It makes me sad (...) **3.** Paul got the plumber (...) **4.** Jimmy will have a co-worker (...) **5.** (...) They'll have him make (...) **6.** (...) and made the offenders clean (...)

4 **1.** Miss Silver has arrived, **show her in**. **2.** I went to the haridresser **to have my hair cut**. **3.** They **kept us waiting** for 2 hours! **4.** I could not **make myself heard**. **5.** I **got/made him/her** pay the bill.

5 En el orden del texto: Here – welcome – stuck – in – nice – meet – have – ages – been – seat – alright – work – drink – Scotch – all – Cheers – Help – done – get-together – pals – reckon – in – rent – place – Fair – heard – make – sucks – way – sweetheart – late – afraid – lovely – sometime – barbecue – join – bring – dessert – safely – care

6 **1.** dish / fork **2.** spoon / knife **3.** pour / wine **4.** glass / teapot **5.** still / sparkling **6.** honey / jam

7 academic – energetic – physical – tragic – critical – democratic – biological – grammatical – dramatic – pathetic – logical – mathematical – mechanical

8 **1.** economical **2.** economic

9 **1.** Right **2.** Right **3.** Right **4.** Wrong **5.** Wrong **6.** Right

10 **[i] larga:** fee, need **[i] corta:** exist, coyote, started, respect, Albuquerque **[e cerrada (r)]:** water, herd, teacher **[u] larga:** stew, crew, queue **[e]:** wet, suggested, egg, aprehended

8. Estructuras resultativas

1 **1.**b; **2.**a; **3.**d; **4.**c

2 **1.** His father worked himself to exhaustion. **2.** My wife cooked her way to my heart. **3.** Take some polish and brush your shoes clean. **4.** The football game was rained off. **5.** She cried herself to sleep.

3 **1.** Jack drives to work. **2.** She flew to Dublin. **3.** He read himself blind. **4.** He ran out of the kitchen. **5.** My sister swam across the Channel. **6.** I jog myself awake.

4 **1.** James threatened her into admitting her mistake. **2.** He sweet-talked him out of accepting the invitation. **3.** His mother-in-law blackmailed him into signing the contract. **4.** The little boy coaxed his mother into giving him a biscuit.

5 **1.** The smell of apple pie always reminds me of my grandmother. **2.** I remember closing the door. **3.** I never remember what year she was born. **4.** It reminds me that I need to get up earlier tomorrow. **5.** Remember the meeting at 4 p.m. **6.** Remind me to turn off the gas before we leave.

6 **1.** angry **2.** film **3.** underground **4.** taxi **5.** car **6.** queue up **7.** lift **8.** floor **9.** prepare **10.** shop **11.** cafe **12.** town center **13.** courgette **14.** bill **15.** handbag **16.** banknotes **17.** mackintosh **18.** parcel **19.** stupid

7 **1.** fall **2.** attorney **3.** drugstore **4.** yard **5.** rent **6.** vacation **7.** freeway **8.** gas **9.** garbage **10.** schedule

8 **1.** To juggle frogs **2.** Money does not grow on trees **3.** To smell a rat

9 poor-pour / flower-flour / bored-board / aloud-allowed / boar-bore / chews-choose / damn-dam / flu-flew / daze-days / dire-dyer / aunt-aren't / floor-flaw / draught-draft / berry-bury / dew-due / course-coarse / caught-court
Hay un trío: you-yew-ewe

9. Estructuras elípticas

1 **1.** No, I haven't. **2.** Yes, she is. **3.** I think so. **4.** I hope not. **5.** I'd love to.

2 **1.** Neither has my sister. **2.** So does her father. **3.** So am I. **4.** So should you. **5.** So did my neighbours. **6.** Neither does my boss. **7.** Neither did my roommate.

3 **1.** (...) did they? **2.** (...) did she?! **3.** (...) can you? **4.** (...) have they? **5.** (...) shall we? **6.** (...) didn't she? **7.** (...) does she? **8.** (...) don't they? **9.** (...) aren't I? **10.** (...) will you?

4 **1.**c **2.**b **3.**a **4.**c **5.**a **6.**b

5 **1.** resumed **2.** sum it up **3.** afford **4.** offered **5.** bookstores **6.** library **7.** currently **8.** actually

6 **1.** estadio – sand **2.** soso – soft **3.** moqueta – file **4.** extreñimiento – cold **5.** instalaciones – easy/hability **6.** conferencia – reading **7.** padres – relatives **8.** cordura – health **9.** compasión – friendliness

7 **1.** wrong: be hungry **2.** wrong: be thirsty **3.** right **4.** wrong: to chew **5.** right **6.** wrong: a slice **7.** wrong: a crumb **8.** right

8 **1.** Which meat do you prefer: lamb, veal or ham? **2.** No, that meat is not well done, it is rare. **3.** Do you want a dressing on your salad? **4.** With your steak, you have a choice between: cauliflower, peas, cabbage, French beans or mashed potatoes.

9 **1.** rest **2.** thyme **3.** size **4.** mussel **5.** seize

10. Los sustantivos

1 **1.** echoes **2.** geese **3.** wolves **4.** tacos **5.** mice **6.** leaves **7.** sheep **8.** feet **9.** casinos **10.** wives **11.** women **12.** potatoes

2 **1.** The Police are searching the murderer. **2.** Your trousers are too short! **3.** The underground is the most common means of transport in Madrid. **4.** He has no sense of ethics.

3 **1.** approval **2.** arrival **3.** refusal **4.** acceptance **5.** intimacy **6.** nostalgia **7.** certainty **8.** change **9.** efficiency **10.** femininity **11.** donor **12.** explanation

4 **1.** Can you pass me **the toast**, please? **2. The pasta is** overcooked. **3.** He's decided to go into **politics. 4.** I bought all my **furniture** at Ikea. **5.** The rubbish **stinks**! **6.** The police accused him without any **evidence**.

5 a slice of pizza, a blade of grass, a strand of hair, a wink of sleep, a puff of smoke, a lump of sugar, a pinch of salt, a game of chess, a speck of dust, a pair of scissors, a piece of information

6 **1.** the whole **2.** any o enough **3.** too many **4.** several **5.** enough o any **6.** both

7 **1.** mean **2.** make **3.** mind **4.** running **5.** mind **6.** mean **7.** make **8.** means **9.** make **10.** run

8 **1.** getting **2.** takes **3.** keep **4.** take **5.** gotten **6.** keep **7.** takes **8.** took

9 **1.** loud **2.** doubt **3.** callous **4.** cough **5.** coloured **6.** soul

10 **1. [o larga]; 2. [u larga]; 3. [au]; 4. [e cerrada]**

11 smug, sour, numb, pour, doorbell, toe, moor, floor, flour, guinea, skull, biscuit, blood, hour, build, guide, foul

11. Los artículos

1 **1.** I need **Ø** advice. **2.** He climbed **Ø** Mount Everest. **3.** I work for **Ø** television. **4.** We're having **Ø** fantastic weather. **5.** Do you still play **Ø** hockey? **6.** As **a** doctor, he is allowed to write **Ø** prescriptions. **7.** He had **a** choice and he chose **the** easy way out.

2 **1.** (...) in **Ø** Oregon **2.** (...) **a** terrible sense of direction. **3.** I admire **Ø** courage, particularly **the** courage (...) **4.** (...) plays **the** guitar twice **a** week. **5.** (...) what **a** relief! **6.** (...) **Ø** page 68. **7.** without **a** man (...) fish without **a** bicycle. **8.** (...) **the** water. **9.** (...) **a** Protestant (...) go to **Ø** church. **10.** (...) **Ø** tea (...) **Ø** wine. **11.** (...) **the** green tea I've bought. **12.** (...) **Ø** very sensitive skin (...) in **the** sun.

3 **1.** President Obama was re-elected in 2012. **2.** He is very happy to be a dad. **3.** Duncan always has eggs for breakfast. **4.** English people generally like French wines. **5.** I'm going to the dentist's next week. **6.** She was operated on yesterday. She's still in hospital.

4 En el orden del texto: apply – position – manager – worked – products – increasing – move – qualifications – candidate – available – interview – résumé – attachment – forward – Sincerely

5 **1.** deny **2.** against **3.** apart **4.** awake **5.** blame **6.** bitter **7.** lend **8.** broad

6

A	O	N	J	O	I	Z	U	A	W
S	P	E	O	V	O	M	A	L	I
I	A	M	Y	F	A	I	L	U	S
C	D	P	J	B	R	O	F	A	E
K	E	T	D	E	Q	O	X	I	T
O	E	Y	C	L	E	V	E	R	A
I	P	O	F	A	T	I	D	E	B
G	U	I	L	T	Y	D	I	A	L
P	P	R	O	U	D	I	S	L	O
K	U	N	E	P	A	T	I	C	S

1. clever **2.** deep **3.** wise **4.** proud **5.** empty **6.** fail **7.** guilty **8.** sick **9.** real **10.** joy

7 **1.** follower **2.** tight **3.** loud **4.** weak **5.** vanish **6.** wisdom

8 **1.** rise **2.** rise de flour a apples, después fall en vanilla **3.** fall **4.** rise **5.** fall **6.** fall

9 **1.** rise **2.** fall **3.** rise **4.** rise **5.** fall **6.** rise **7.** fall **8.** fall **9.** rise **10.** fall

12. Genitivo de los sustantivos compuestos

1 **1.** the time of arrival **2.** Last year's holiday **3.** a ten miles' race (también se utiliza habitualmente un nombre compuesto: a tenmile race) **4.** The majority of (the) employees **5.** Bourbon Street's restaurants. **6.** Paul's **7.** the wellbeing of the blind **8.** the boss's car **9.** the surface of the Earth **10.** Children's footwear

2 **1.** The cat's tail **2.** The prison's policy **3.** The CEO of this company **4.** This is the cat of the lady **5.** The Garcías' dog

3 **1.** database **2.** follow-up **3.** headache **4.** feedback **5.** afternoon **6.** passer-by **7.** strawberry **8.** vacuum cleaner **9.** fingerprint **10.** underground **11.** outlook **12.** get-together **13.** tooth-paste **14.** peppermint **15.** apple pie **16.** go-between **17.** haircut **18.** sunflower **19.** newspaper **20.** teaspoon **21.** jellyfish **22.** raincoat

4 **1.** do **2.** make **3.** looks **4.** do **5.** make **6.** tell **7.** make (...) do **8.** do

5 **1.**e; **2.**c; **3.**f; **4.**a; **5.**d; **6.**b

6 **1.** On the one hand (...) on the other hand. **2.** In spite of **3.** On the contrary **4.** as long as **5.** and

7 **1.** Unlike **2.** yet **3.** nevertheless **4.** in fact **5.** Despite

8 Hay que señalar las siguientes palabras: **1.** left, umbrella, Tube, morning **2.** Peter, lives, close, station **3.** like, muffin, tea **4.** not, sure, time, said, arrive **5.** much, pay, new, laptop **6.** didn't, tell, had, job, interview **7.** no, didn't, say, me, said, him *(trampa: a veces se acentúan los pronombres)* **8.** told, not, going, party, tonight

13. Pronombres personales y reflexivos

1 **1.** its **2.** us **3.** hers **4.** them **5.** she (eh oui!)

2 **1.** correct **2.** (...) with each other. **3.** (...) you should rest Ø **4.** (...) developed Ø well **5.** He shaves Ø (...). **6.** correct

3 **1.** It's **getting late**. **2.** The children **got bored**. **3.** The incident **happened** on my street. **4.** What was **expected** of him? **5.** I **realised** I had forgotten my keys. **6.** I'm going **to get rid of** my old couch. **7.** They **met** in Venice.

4 **1.** This shirt washes well. **2.** This bread keeps for a week. **3.** Work ends at 6. **4.** This book reads fast. **5.** This car sells well. **6.** The vase broke.

5 **1.** horse **2.** camel **3.** leopard **4.** bird **5.** monkey

6 **1.**a; **2.**b; **3.**b; **4.**c

7

I	G	R	A	S	S	U	S	B	E	I	M
S	L	U	G	H	A	W	H	E	A	T	U
O	W	L	T	E	U	H	P	A	M	A	D
F	N	A	W	P	C	O	U	N	T	R	Y
O	E	H	I	H	E	R	D	U	O	O	M
O	T	E	G	E	F	C	D	M	A	O	C
T	T	D	A	R	L	H	L	I	D	T	A
P	L	G	B	D	Y	A	E	L	S	I	W
A	E	E	O	A	K	R	O	L	B	E	E
T	P	L	U	M	S	D	B	U	S	H	E
H	A	S	T	R	A	W	U	B	A	U	D
W	O	R	M	A	N	T	G	I	V	Y	S

1. country **2.** puddle **3.** hedge **4.** mud **5.** weeds **6.** ivy **7.** orchard **8.** grass **9.** footpath **10.** twig **11.** root **12.** bush **13.** oak **14.** straw **15.** shepherd **16.** mill **17.** wheat **18.** bug

8 **1.** poppy, nettle, thistle **2.** wheelbarrow, spade, ladder **3.** mosquito, butterfly, caterpillar

9 **1.** red **2.** green **3.** blue **4.** pink **5.** black **6.** white

10 Correctamente acentuadas: Chinese, extent, awake, kettle, cupboard, water, little, July, ketchup, cabbage, abroad, actor, income, balloon, fakeer, across, kidney
Mal acentuadas: a'**gain**, un'**real**, '**shut**tle, Bur'**mese**, '**le**mon, He'**llo**, e'**nough**, '**but**ter, for'**get**, '**col**league, cru'**sade**, ba'**zaar**, '**wea**ther
Nota: ciga'**rette** (inglés) vs. '**ci**garette (EE.UU.)

11 **1.** The '**new** trai'**nee** in on the '**pho**ne. **2.** I '**we**nt to the laun'**drette**'s this '**mor**ning. **3.** Her '**hus**band was a '**doc**tor. **4.** Our '**neigh**bour has been in the '**ar**my for '**twen**ty '**yea**rs. **5.** I '**tol**d you it was a '**ba**d i'**dea**. **6.** I '**bou**ght '**ap**ples at the '**mar**ket.

14. Adjetivos calificativos

1 **1.** I won't flirt with someone who is drunk (no en posición de epíteto). **2.** correct **3.** The door was ajar and creaking (no en posición de epíteto). **4.** correct **5.** The child was afraid and began to cry (no en posición de epíteto). **6.** correct **7.** Ask the most people possible (no en posición de epíteto). **8.** The student was glad and kept smiling (no en posición de epíteto). **9.** This is the main road (no en posición de atributo).

2 **1.** wide awake **2.** all alone **3.** quite afraid **4.** sound asleep

3 **1.** plain small older Irish **2.** disgusting big round grey **3.** an elegant new black Italian velvet **4.** an expensive beautiful big ancient square brown wooden

4 **1.** deeply-rooted **2.** short-tempered **3.** boiling hot **4.** self-centred **5.** grief-stricken

5 **1.** long-lasting **2.** drug-related **3.** all-purpose **4.** long-legged **5.** left-handed

6 **1.** half-heartedly **2.** a two-hundred page book **3.** handmade **4.** short-sleeved **5.** highly-rated **6.** easy-going **7.** velvet smooth **8.** all-embracing

7 **1.**c; **2.**a; **3.**c; **4.**a; **5.**b

8 **1.** cautious **2.** cheerful **3.** boring **4.** sympathetic

9 **1.** wise **2.** grumpy **3.** lazy **4.** gifted **5.** reliable **6.** guilty **7.** sensible **8.** sensitive **9.** astonished

10 **1.** touchy **2.** annoying **3.** ungrateful **4.** relieved **5.** absent-minded

11 **1.** questionable – famous – educated **2.** despreocupado – encantado – entusiasta **3.** fed up – hardworking – frightened – uncomfortable **4.** irritado – decepcionado

12 **1.** significant **2.** talented **3.** obedient **4.** dignified **5.** precarious **6.** innovative

13 **1.** to envy, to comfort, to profit, to cancel, to whistle **2.** to offer, to alter, to suffer, to listen **3.** to answer, to damage, to enter

14 **1.** to conclude (acentuado solo en la 2.ª sílaba) **2.** honest (acentuado solo en la 1.ª sílaba) **3.** asleep (acentuado solo en la 2.ª sílaba) **4.** a rebel (acentuado solo en la 1.ª sílaba)

15. Pronombres relativos

❶ **1.** that (Ø, incluso whom, pero es menos natural) **2.** which **3.** who **4.** that (o Ø)

❷ **1.** whenever ou when **2.** what **3.** which **4.** whenever **5.** where

❸ **1.** The prison he escaped from **2.** The woman whose daughter is famous **3.** The accident she is responsible for **4.** The crime he is guilty of **5.** The sweater with the golden buttons

❹ **1.** How often do you usually go to the restaurant? **2.** When were you born? **3.** How long have you been a teacher? **4.** Which dress do you prefer? **5.** What time can you be there? **6.** Whose umbrella is it?

❺ En el orden del texto: book – arrival – nights – staying – single – shower – view – noise – available – left – fl oor – lift – air-conditioned – breakfast – per

❻ **1.** I spent all afternoon flipping channels. 2. My friend loves bungee jumping. 3. I prefer jogging in the mornings. 4. We hitchhiked to Brighton. 5. Last summer, my mother-in-law had a facelift. 6. Could I have the receipt, please?

❼ **1.** kite **2.** darts **3.** chess **4.** novel **5.** hiking **6.** swimming **7.** hunting

❽ **1.** file **2.** data **3.** software **4.** upgrade **5.** laptop **6.** delete **7.** mouse pad

❾ **1.** (no)velist, (si)lliness, (win)terish, sur(pri)sed **2.** (ba)nishment, (du)tiful, (sa)lesman **3.** (wo)manly, con(fo)rmist, (jour)nalism **4.** a(chie)vement, dis(tra)cting, (jea)lously **5.** (an)xiously, (mer)ciful, (lec)tureship **6.** con(ver)ted, es(ca)pable, (car)efulness

❿ **1.** '**po**werful, '**fi**sherman **2.** '**mo**ralist, '**night**marish, a'**ma**zing **3.** correcto **4.** '**pi**anist, for'**gi**vable, '**aw**kwardness

16. Prefijos y sufijos

❶ **1. un**cork **2. under**playing **3. self**-conscious **4. in**sensitive **5. over**cooked **6. mis**understanding **7. dis**honest

❷ **1.** parent**hood** **2.** kill**er** **3.** taste**less** **4.** martyr**dom** **5.** invalu**able** **6.** sugar **free**

❸ **1.** unkindness **2.** milky **3.** eightish **4.** citizenship **5.** careless **6.** carefully **7.** unbearable **8.** unsuccessfully **9.** illegitimately **10.** misjudgment

❹ **1.** His wife is **disabled**. **2.** My neighbours are **childless**. **3.** Life is so **peaceful** in this village. **4.** I have a **weakness** for chocolate. **5.** You **misspelled** my name.

❺ En el orden del texto: injured, bruises, neck, ribs, chest, stroke, throat, blood, lungs, back, headache, prescription, tablets, recover, wound, scar

❻ **1.** eleventh **2.** one **3.** first **4.** five **5.** two **6.** a million **7.** fours **8.** six **9.** ten **10.** twice

❼ **1.** beard **2.** wrinkles (...) bald **3.** glasses **4.** blind (...) deaf (...) dumb **5.** dressing

❽ **1.** average **2.** figure **3.** put on (...) weight (...) plump (...) go on a diet **4.** skin **5.** bone **6.** skull (...) brain **7.** lips (...) hips

❾ **1.** knee, elbow, nostril **2.** forehead, shoulder, thumb **3.** wrist, cheek, toe

❿ **1.** sa'**la**mi **2.** dis'**ho**nest **3.** dema'**go**gic **4.** e'**le**ven **5.** No'**vem**ber **6.** um'**bre**lla **7.** po'**ta**to **8.** i'**rre**levant **9.** ri'**di**culous **10.** '**po**litics **11.** '**cus**tomer **12.** ba'**na**na

⓫ **1.** '**fa**mily, '**Ca**tholic, '**ne**gative, '**po**pular, ad'**ven**ture, '**lu**natic, '**a**nimal, '**hos**pital, un'**think**able **2.** '**ca**nnibal, '**chee**seburger, e'**xa**mine, re'**mem**ber, ado'**le**scence, enter'**tain**ment, '**lo**llipop **3.** '**co**mmonplace, '**e**lement, '**em**bassy, sym'**bo**lic, con'**si**der, '**pa**rody, '**or**thodox, under'**stan**ding **4.** '**ma**nager, '**re**levant, '**sti**mulus, inde'**pen**dent, disa'**ppoint**ment, be'**gi**nning, disa'**ppro**val **5.** ge'**ne**tics, a'**ller**gic, ca'**the**dral, ho'**ri**zon, '**bu**tterfly, '**ca**terpillar, for'**get**fulness, '**fe**tishism

17. Los adverbios y el orden de las palabras

❶ **1.** Children usually start to walk around the age of one. **2.** Teenagers often don't have breakfast. **3.** I'm trying to go to the gym twice a week. **4.** My husband is starting his new job tomorrow.

❷ **1.** Harry will probably be fired. **2.** The old lady almost died from the flu. **3.** Honestly, I don't think he is capable of killing someone. **4.** You badly need to take a break.

❸ needy – costly – silly – deadly – lonely – friendly – lovely – sickly – lively – cowardly

❹ **1.**b; **2.**c; **3.** scarcely – barely

❺ **1.** Do you know where my glasses are? **2.** He asked me what time it was. **3.** They asked me not to talk. **4.** I don't suppose you know. **5.** She did not want to explain what the consequences were. **6.** The soup is not warm enough. **7.** This piece of furniture is too heavy for me to lift. **8.** Here comes the rain! **9.** We had sunny weather for the first three days.

❻ **1.**c; **2.**a; **3.**b; **4.**c; **5.**a; **6.**a

❼ **1.**e; **2.**f; **3.**d; **4.**g; **5.**h; **6.**c; **7.**b; **8.**a

❽ **1.** the whole team (...) all the workers **2.** all the iced tea (...) all the muffins **3.** all night long **4.** the whole story **5.** three whole plates

❾ **1.** ninety-six **2.** seven hundred **3.** three hundred and fifty four **4.** twelve point six percent **5.** room two o five **6.** o six eight nine o nine seven six five four **7.** two thousand (and) five **8.** one hundred thousand **9.** three hundred years **10.** thousands of people **11.** four ninths **12.** one fourth ou one quarter **13.** two pounds fifty

❿ **1.** ounce **2.** pound **3.** stone **4.** inch **5.** foot **6.** yard **7.** mile

⓫ **1.** It's a quarter past four. **2.** It's a quarter to ten. **3.** It's forty past eleven.

⓬ **1.** bi'ography – bio'**gra**phical **2.** '**fa**mily – fa'**mi**liar – famili'**a**rity **3.** '**pho**tograph – pho'**to**graphy – pho'**to**grapher

⓭ **1.** ex'**pla**natory, co'**mme**morate, pe'**cu**liar, clima'**to**logy, con'**sen**sual, flexi'**bi**lity **2.** do'**mes**ticate, communi'**ca**tion, '**mar**ginalise, cou'**ra**geous, ico'**no**graphy **3.** vege'**ta**rian, influ'**en**cial, infor'**ma**tion, am'**bi**tious, de'**li**cious, physi'**ca**lity **4.** res'**pi**ratory, '**me**diate, res'**pon**sible, flir'**ta**tious, '**em**phasise, ca'**lli**graphy **5.** re'**ac**tionary, rudi'**men**tary, com'**pa**nion, Ca'**na**dian, soci'**o**logy

18. Las preposiciones

❶ **1.** down **2.** among (...) between **3.** from **4.** through **5.** into

❷ **1.** in (...) on **2.** in (...) in (...) at **3.** on (...) in **4.** at **5.** for **6.** on **7.** at **8.** in

❸ **1. On** average **2. at** random. **3. in** a hurry. **4. on** his behalf. **5. in** the long run. **6. at** least.

❹ **1.** first, a loss, risk, last, once, stake, bay, ease, the same time **2.** a nutshell, view of, spite of, addition to, turn, bulk **3.** the whole, condition that, purpose **4.** scratch

❺ **1.** good **at** **2.** wait **for** **3.** different **from** **4.** approve **of** **5.** responsible **for** **6.** interested **in**

❻ **1.** I prefer tea **to** coffee. **2.** He congratulated me **on** my exam. **3.** Is it just me or does it smell **of** chocolate in here? **4.** The doctor did not succeed **in** saving this patient.

❼ **1.**b; **2.**a et b; **3.**a; **4.**a et c; **5.**c; **6.**c; **7.**c; **8.**b; **9.**c; **10.**c

8 **1.**b; **2.**b; **3.**a et c; **4.**d; **5.**b; **6.**c; **7.**c; **8.**c

9 **1.** great **2.** big **3.** big ou large **4.** Great **5.** big **6.** big **7.** large **8.** large **9.** big ou great **10.** large **11.** great

10 **1.** small **2.** little **3.** small **4.** little **5.** little

11 **1.** abroad **2.** Emma, energy **3.** disappear, effort, handsome **4.** minimum, actress, tomorrow **5.** comparative **6.** forward, wizard, insomnia **7.** ridiculous **8.** therapy, Marcus

12 ago – potato – children – dramatic – capacity – acceptable – elephant – accident – legitimate – analyse – favour – surprise – banana – random – protect – survive – level – famous – alone – computer – difficulty – exercise – funeral – introduction – legacy – mindless – measure

19. *Phrasal verbs*

1 **1.** to dress up **2.** to put off **3.** to keep on **4.** to tell off **5.** to get by **6.** to put up with **7.** to explain away **8.** to work out

2 **1.**c; **2.**g; **3.**e; **4.**a; **5.**d; **6.**f; **7.**b; **8.**h

3 **1.** anular: to call off / hacer una visita: to call on / gritar algo: to call out / devolver la llamada: to call back **2.** devolver: give back / abandonar: to give up / rendirse: to give in / distribuir: to give out

4 **1.** out **2.** across **3.** down **4.** away (...) up **5.** up (...) in **6.** off (...) out **7.** out **8.** up **9.** in **10.** on

5 **1.**a; **2.**c; **3.**b; **4.**a; **5.**c

6 **1.** stepfather **2.** son **3.** daughter **4.** single **5.** housewife **6.** orphan **7.** widower **8.** widow **9.** engaged **10.** alimony **11.** funeral

7 Last name: Anderson; Nickname: Cute Tony; Firstname : Antony

8

B	E	N	G	I	N	E	E	R	K
O	A	G	R	O	C	E	R	P	E
O	S	S	C	L	E	R	K	H	Y
K	Y	T	O	T	A	L	I	Y	C
S	L	A	W	Y	E	R	L	S	E
E	O	F	I	R	E	Y	L	I	O
L	W	F	T	I	M	E	E	C	B
L	B	U	T	C	H	E	R	I	A
E	C	O	B	B	L	E	R	A	K
R	U	D	E	A	R	L	Y	N	E
M	E	C	H	A	N	I	C	A	R
R	C	R	A	F	T	S	M	A	N

abogado: lawyer
médico: physician
artesano: craftsman
carnicero: butcher
personal: staff
director gerente: CEO
ingeniero: engineer
zapatero: cobbler
oficinista: clerk
librero: bookseller
mecánico: mechanic
panadero: baker
tendero: grocer

9 **1.** accountant **2.** salesman **3.** employee **4.** shopkeeper **5.** fishmonger **6.** scientist

10 **1.** Meh **2.** Geez **3.** Hiya **4.** Huh **5.** Hush **6.** Shoot

11 **1.** "You've eaten all the chocolate again, haven't you?"
2. "It took her a lot of time to drive all the way from Manchester."
3. "I bumped into the mayor at the cinema."
4. "Her new boyfriend, Liam, is a very decent guy."
5. "I'll have fish and chips and a medium soda."
6. "Mr Davis is not available at the moment. He needs to make a phone call."
7. "I want to thank you for your support."
8. "Can you tell me where you come from?"
9. "My grandchildren collect crocodile toys."
10. "Is that for me? Awww, it's so kind of you, thanks a lot!"

12 **1.** "The **'chil**dren are **'pla**ying in the **'snow.**"
2. "My **'hus**band is **'tu**rning **'for**ty on **'Mon**day."
3. "I'll be a**'way** from the **'o**ffice from the **'twelth** to the fif**'teen**th of Sep**'tem**ber."
4. "Almost **'half** of the A**'me**rican popu**'la**tion are now over**'weight** or o**'be**se."
5. "Do you **'think** she mispro**'noun**ced her **'na**me on **'pur**pose?"
6. "I'm a**'fraid** I **'can't 'ma**ke it to your **'par**ty to**'night.**"
7. "**'So**meone's **'knock**ing at the **'door.** Could you **'get** that **'please**? I'm in the **'show**er."
8. "**'Damn**, we're **'run**ning out of **'milk**. I'm **'go**ing to the **'shop**. I'll be **'the**re and **'back.**"

20. Voz pasiva

1 **1.** A cake is being made (by them). **2.** Dessert will be brought by Aunt Annie. **3.** The computer would have been repaired by my brother if he had had time. **4.** The mouse that had been in my attic for months was finally killed by John.

2 **1.** German spoken here. **2.** That remains to be seen. **3.** She got killed in the accident. **4.** They cheated and deserved losing/ to lose. **5.** This dish is eaten hot. **6.** He was lied to.

3 **1.** The poor little boy was shown too violent a film. **2.** This bed has not been slept in for a very long time. **3.** This new law was expected to enrage many workers and did. **4.** I was given the opportunity to visit this town.

4 **1.** shirt **2.** jacket **3.** raincoat **4.** trainers **5.** skirt **6.** dress **7.** jumper **8.** handbag **9.** lipstick **10.** fashion **11.** necklace **12.** earrings

5 **1.** get dressed **2.** loose **3.** tight **4.** suits **5.** fit

6 **1.**a; **2.**b; **3.**c; **4.**c; **5.**b; **6.**a

7 **1.** tie **2.** belt **3.** gloves **4.** tuxedo **5.** tracksuit **6.** slippers

8

E	A	T	R	O	U	S	E	R	S
U	P	Y	I	S	O	C	K	S	A
N	P	S	C	A	R	F	I	T	S
D	L	I	O	I	C	E	C	O	W
E	E	E	R	A	T	M	A	B	I
R	E	L	O	V	E	T	P	R	M
W	W	A	L	L	E	T	B	I	S
E	A	C	I	T	I	E	S	E	U
A	I	E	V	P	A	N	T	F	I
R	T	S	E	V	E	R	Y	S	T

1. wallet **2.** cap **3.** laces **4.** underwear **5.** scarf

9 **1.** order **2.** errands **3.** department **4.** label **5.** item **6.** invoice

10 **1.** En el orden del texto: speaking – speak – hold – available – message – called – later – in – put – through – engaged

11 **1.** sensible **2.** Who's **3.** borrow **4.** understanding **5.** journey **6.** As **7.** expecting

12 **1.** The **'ca**pital **'ci**ty of **'Ca**nada is **'O**ttawa, On**'ta**rio. = Fall
2. Do you **'like 'cho**colate-**'co**vered **'straw**berries? = Rise
3. He's **'al**ways been so **'sel**fish, hasn't he? = Fall
4. **'Who**(m) did you **'go** on **'ho**lidays (**'with**)? = Fall
5. **'Rea**lly? **'Ca**thy? She **'told** you she was **'get**ting **'mar**ried?! = Rise

¡Bravo, has llegado al final del cuaderno! Ahora es el momento de analizar tus competencias y contabilizar los iconos para proceder a la evaluación final. Apunta el subtotal de cada capítulo en las casillas de aquí abajo para sumarlas y obtener el número final de iconos de cada color. Después, ¡descubre los resultados!

1. El presente simple				11. Los artículos			
2. Los tiempos del pasado				12. Genitivo de los sustantivos compuestos			
3. Expresar el futuro				13. Pronombres personales y reflexivos			
4. Verbos modales				14. Adjetivos calificativos			
5. El discurso indirecto				15. Pronombres relativos			
6. La construcción verbal: ¿*to*, *-ing* o Ø?				16. Prefijos y sufijos			
7. AEstructuras causativas				17. Los adverbios y el orden de las palabras			
8. Estructuras resultativas				18. Las preposiciones			
9. Estructuras elípticas				19. *Phrasal verbs*			
10. Los sustantivos				20. Voz pasiva			

Total de todos los capítulos

Has conseguido mayoría de...

Congratulations! Dominas las bases del inglés, ¡estás listo para pasar al nivel 3!

Not bad at all! Pero todavía puedes progresar... Vuelve a hacer los ejercicios que te han dado problema, pero antes ¡echa un ojo a las lecciones!

Try again! Estás un poco oxidado... Repite todo el trabajo del cuaderno leyendo bien las lecciones antes de hacer los ejercicios.

Crédits: Illustrations / © MS.

Diseño: Agence Media

Maquetación: Violeta Cabal

Depósito legal: julio 2015
N.° de edición: 4388
ISBN: 978-2-7005-8172-0
www.assimil.com
Impreso por Master Print en Rumania